海域定级与基准价评估技术研究及辽宁实践

曹可　赵全民　蔡悦荫　著

海洋出版社

2017年 · 北京

图书在版编目（CIP）数据

海域定级与基准价评估技术研究及辽宁实践/曹可，赵全民，蔡悦荫著.
—北京：海洋出版社，2017.9

ISBN 978-7-5027-9942-7

Ⅰ.①海…　Ⅱ.①曹…②赵…③蔡…　Ⅲ.①海域–管理–价格评估
Ⅳ.①D993.5

中国版本图书馆 CIP 数据核字（2017）第 242808 号

责任编辑：赵　武
责任印制：赵麟苏

海洋出版社　出版发行

http：//www.oceanpress.com.cn

北京市海淀区大慧寺路 8 号　邮编：100081

北京朝阳印刷厂有限责任公司印刷　　新华书店发行所经销

2017 年 9 月第 1 版　2017 年 9 月北京第 1 次印刷

开本：787 mm×1092 mm　1/16　印张：11.25

字数：210 千字　定价：56.00 元

发行部：62132549　邮购部：68038093　总编室：62114335

海洋版图书印、装错误可随时退换

《海域定级与基准价评估技术研究及辽宁实践》
编委会

主　　笔：曹　可　　赵全民　　蔡悦荫

编写人员：宫　玮　　张子鹏　　王　鹏　　刘冬波
　　　　　李滨勇　　葛奇远　　黄　杰　　林　霞
　　　　　于　淼　　马红伟　　张春雨　　李延军
　　　　　陈　敏　　陈　航　　王跃伟

致谢：

本著作获得以下项目支持

海洋公益专项：《海域使用权价值评估技术体系与决策系统研究示范》（201105004）

海域管理业务项目：《海域定级技术研究及试点》（2010-J-27）

海域管理业务项目：《海域定级估价及海域使用金标准修订》（2012-A-52-03）

作者序

海域分等及海域使用金征收标准自 2007 年颁布实施以来，在沿海地方海域使用金征收及有偿使用管理方面发挥了重要而积极的作用，每年海域使用金征收金额也自颁布前的数亿元上升至颁布当年的近 30 亿元，其后最高达到上百亿元，近年来虽有所下降，仍然保持在每年的 80~90 亿元，目前，至 2016 年底累计征收 760 余亿元。应该说，海域等别划分总体框架及征收标准幅度得到了沿海地方管理部门及用海者的认可，海域资源价值得到了体现，海域所有者的权益也得到了初步保障。

随着海域使用金征收标准的实施及有偿使用的实践，一些弊端也开始体现。其中表现最突出的是海域分等单元过大导致海域使用金征收过于粗放，海域资源价值没有充分体现。目前的分等单元是以县、市、区级行政单元作为征收的基本单元，在同一县、市、区级行政单元内，同一用海类型按照统一的征收标准计征。由于县、市、区级行政单元规模不同，部分单元岸线长，管辖海域面积大，另一部分单元岸线短，管辖海域面积小，相互之间很不平衡，同时，一些管辖海域面积大的分等单元，其内部海域自然、环境条件差异很大，按照统一标准征收海域使用金也存在不合理现象。如何对海域分等单元进行细化以及制定相应的基准价，已成为沿海地方积极探索深化海域使用金征收的重要任务。近年来，在浙江、江苏、河北等省对此进行了相关的技术研究和实践，如象山县开展了基准价制定试点，江苏南通等市制定了地方性基准价制定标准，河北也在积极进行海域定级与基准价制定尝试。我们在前期开展海域分等与海域使用金标准制定工作及编制《海域分等定级》（GB/

T30745-2014）国家标准过程中，也逐步认识到海域定级及制定海域使用基准价是今后完善海域有偿使用制度和深化海域使用金征收的重要举措。因此，在 2010 年开始，我们着手启动了海域定级与基准价评估的前期技术研究，并在 2013 年，选择对辽宁省全域的海域进行定级与基准价评估试点，这项工作获得了国家海洋局海域综合管理司专项经费支持，也获得了海洋公益专项《海域使用权价值评估技术体系与决策系统研究示范》（201105004）的经费支持，辽宁省海洋与渔业厅对工作开展予以大力支持，委派葛奇远处长陪同调查与调研，辽宁沿海各市、县海洋管理部门对调查调研工作积极配合。在此对上述单位和个人表示十分感谢。

本专著只是对前期研究工作及试点成果的一个总结和归纳，部分资料和数据目前来看有些显得过时。但基于给相关管理部门和研究工作者提供该项工作的一个思路或者启示，起到抛砖引玉作用，作者勇于将不太成熟的成果和认识出版，敬请各位同仁批评指正，便于进一步修改完善。

编写分工如下：曹可，前言、第二章、第十章；赵全民，第一章；蔡悦荫，第二章、第六章、第九章；宫玮，第七章、第八章；张子鹏，第四章；王鹏，第三章；刘冬波，第五章、第八章；陈航、王跃伟，第五章。

作者
2016 年 12 月

前　言

自 2001 年 10 月《中华人民共和国海域使用管理法》颁布后，为落实海域有偿使用制度，财政部、国家海洋局于 2004 年启动了海域使用金标准制定工作，并于 2007 年 3 月颁布实施了全国海域使用金征收标准。标准颁布后，海域有偿使用取得了较好效果，海域资源价值也得到了体现，2007 年当年征收的海域使用金即由过去的数亿元上升到近 30 亿元，并呈逐年上升态势，目前基本稳定在 100 亿元左右。

随着土地资源管理的日趋严格及土地价值的增长，海域资源有偿使用的相对粗放，特别是与土地利用密切相关的，以县、市、区为基本单元的填海造地用海的海域使用金的征收，与以"级"为基本单元的土地价格之间的矛盾进一步凸显，为海域使用金的征收及海域评估带来困扰。开展海域定级与基准价评估试点，探索具有科学性和可操作的理论与技术方法体系迫在眉睫。

2010 年开始，我们开始了海域定级与基准价评估理论、方法的前期研究，相继开展了"海域资源价值理论与价值组成研究"，"海域定级指标体系研究"、"海域定级基本单元划分研究"及"海域定级与基准价评估技术要点"等专题研究，2013 年在辽宁省海洋与渔业厅的支持下，开展了对辽宁省级尺度的海域定级与基准价评估试点，在 2013 年 9—11 月开展了近 3 个月的实地调查与调研，此次调查包括了辽宁省级、沿海 6 市及 21 个县级单元全域的海域有偿使用资料收集与样点调查。

调查内容包括：

（一）资料收集

（1）相关统计资料，包括 2012 年统计年鉴、2010—2012 年渔业统计年鉴、海洋经济统计数据（历年）、2012 年环境质量公报及新的环境评价图、2012 年旅游统计资料等；

（2）海域有偿使用政策与办法，海域资源市场化配置及海域使用权抵押政策、制度与办法，养殖、盐业用海等海域使用金征收办法与标准，围填海与土地、规划等部门协调、衔接的政策与办法，海域招拍挂现状及流程；

（3）最新的海域论证与环境评价报告（1~2 份）。

（二）现状调查

（1）海域使用金征收现状调查：历年来征收的海域使用金总额及各类用海的征收额，发放的海域使用权证书与面积等；

（2）海域使用权招标、拍卖、挂牌情况调查：近 3 年来，每年的海域使用权招标、拍卖、挂牌情况，调查面积、宗数、确权证书与征收的海域使用金；各类用海的面积、宗数、确权证书与征收的海域使用金；底价确定方式及等；

（3）海域使用权转让、抵押、出租情况调查：近 3 年来，每年的海域使用权转让、抵押、出租面积、宗数与抵押贷款金额；各类抵押用海的面积、宗数与抵押贷款金额等。

（三）样点调查

（1）主要采集 2011—2013 年样点，样点不足时可适当延长时限；

（2）调查类型主要包括：工业填海造地、商住用填海造地、开放式养殖、围海养殖、旅游用海和港口用海；

（3）样点调查内容：样点基本情况，包括位置、海域使用面积与方式，经营范围、财务状况，规模等，年总收入，年总成本及成本组成等。

完成的调查工作量包括：收集各类资料 80 余份，宗海评估报告 17 份，统计年鉴 8 份，完成调查表格 355 个，完成样点调查 205 个，其中填海造地样点 36 个，港口用海样点 12 个，开放式养殖样点 78 个，围海养殖样点 73 个，旅游用海样点 6 个。

在此基础上，完成了对辽宁省的海域定级与基准价评估技术研究及试点，旨在为沿海各地今后开展海域定级与基准价评估提供借鉴。

目　录

第一章 海域定级与基准价评估技术

第一节 术语与定义

一、海域

《中华人民共和国海域使用管理法》（后简称《海域法》）中对海域给予了明确的界定，即海域是指中华人民共和国内水、领海的水面、水体、海床和底土，是与陆地相连的一定界限之内的边缘海区域。这是一个空间资源的概念，是对传统民法中"物"的概念的延伸与发展。其中，内水，是指中华人民共和国领海基线向陆地一侧至海岸线的海域。这一区域的确定，涉及领海及其基线和海岸线这几个极为重要的概念。所谓领海是指一国领海基线以外毗邻一国领土或内水的一定宽度的海域，而领海基线则是领海宽度的起算线。按照《联合国海洋法公约》（以下简称《海洋法公约》）第7条的规定，在海岸线极为曲折的地方，或者如果紧连海岸有一系列岛屿，测算领海宽度的基线划定可采用连接各适当点的直线基线法。1958年9月4日《中华人民共和国关于领海的声明》宣布我国测定领海的起点采用直线基线法。1996年5月15日中华人民共和国政府根据《领海及毗连区法》的规定，公布了领海基线。所谓海岸线，又称海陆分界线，国家标准（GB12319—1998）《中国海图图式》中规定：海岸线是指平均大潮高潮时水陆分界的痕迹线。

海域可分为地理海域与主权海域两种。所谓地理海域，是指海洋的所有组成部分。按照《海洋法公约》依据法律地位的不同，可划分为内海、领海、毗连区、群岛水域、专属经济区、大陆架、公海、国际海底区域、用于国际航行的海峡等。而主权海域则指沿海国对其拥有主权的海域。根据是否拥有完全主权，可将主权海域进一步区分为完全主权海域和不完全主权海域。沿海国对于完全主权海域，除对外国船只的无害通过负有容忍义务外，享有与领土相同的权利。

海域是海洋资源一定范围内的载体，是海洋的组成部分，具有资源性、立体性、特定性及专属性等特点。海域同其他任何资源一样是有限的，而人类的生产、生活对资源的需求又是无限的，要让有限的资源来最大限度地满足人们的生产和生活的需要，就必须对各种开发利用海域的活动进行规范和管理。

二、海域使用

海域使用是一个特定含义的法律概念。根据《海域法》，海域使用是指在中华人民共和国内水、领海持续使用特定海域三个月以上的排他性用海活动。

海域既是一种空间资源，也是海域所依托自然资源如海洋渔业资源、海洋矿产资源等的载体，海洋经济活动和各种开发利用活动也离不开对海域空间的占用，如填海造地、海底石油天然气开发、海砂开采、海水增养殖与捕捞、海洋盐业与海水综合利用、各种构筑物用海、海水浴场和海洋旅游、陆源污水排放、港口建设和海上交通运输、海上机场和海上城市等。随着经济和社会的发展以及科学技术的进步，人类使用海域的深度和广度不断提高，海域的用途越来越广。

根据海域使用的目的、方式等的不同，海域使用可以划分为不同的种类。

（1）按使用海域时间的长短，可以分为暂时性用海和持续性用海。

暂时性用海是指使用特定海域不足 3 个月的用海活动，如某些临时性的捕捞用海和旅游用海等。

持续性用海是指使用特定海域 3 个月以上的用海活动，如养殖用海、填海造地用海、港口航运用海等，大部分用海均为持续性用海。根据《中华人民共和国海域使用管理法》规定，养殖用海使用权的最高年限为 15 年，拆船用海使用权的最高年限为 20 年，旅游、娱乐用海使用权的最高年限为 25 年，盐业、矿业用海使用权的最高年限为 30 年，公益事业用海使用权的最高年限为 40 年，港口、修造船厂等建设工程用海 50 年。

（2）按海域使用者的经济目的，可以分为经营性用海和公益性用海。

经营性用海是指海域使用者使用海域是为了经济盈利目的的用海活动，如养殖用海、填海造地用海、旅游用海、海砂开采和油气开采用海等。

公益性用海是指以非盈利为目的的、服务于公众利益的用海活动，如公益性锚地和航道用海、港口基础设施用海、军事用海、科研用海和自然保护区用海等。

（3）按使用海域是否具有固定性可以分为固定性使用海域和游动性使用海域。固定性使用海域，如养殖用海、港口用海、浴场用海、倾倒用海等，游动性使用海域如航海用海、捕捞用海。

（4）按用海主体是否具有排他性，可以分为排他性用海和非排他性用海。排他性用海是指只要某一开发利用活动发生后，其他单位和个人就不能在此海域中从事其他开发使用活动，相反，非排他性用海是指某一开发利用活动发生后，其他单位和个人可以在此海域继续从事性质相同或者不同的海域开发利用活动。

（5）根据用海对海域自然属性的改变程度，可以将海域使用分为填海造地用海、构筑物用海、围海用海、开发式用海和其他用海等 5 类，根据该分类系统，可以计算不同用海的海域自然属性改变附加价值和相应的海域使用金征收标准。

三、海域使用金

《海域法》明确指出：单位和个人使用海域，应当按照国务院的规定缴纳海域使用金。《海域法释义》中对海域使用金的阐述是：国家作为海域自然资源的所有者出让海域使用权应当获得的收益，是资源性国有资产收入。因此，海域使用金可定义为：国家以海域所有者身份依法出让海域使用权，而向取得海域使用权的单位和个人收取的权利金。它包括海域空间资源占用金和海域自然属性改变附加金（或者生态补偿金）两部分。

四、基准价

从目前土地与海域对基准价的定义看，基准价包括三个要素：区域因素（等或者级，相对均质区域），平均价，年期，此外，不论是基准价，还是海域使用金，均属于资源资源范围，是自然资源的一种表现形式。

考虑到海域使用金征收标准是以等为基础，因此，界定海域基准价：是某一基准日法定最高年期，不同用海海域级别的海域使用权平均价格。

五、海域等和海域分等

对海域资源质量和经济效益状况的评定采用分等定级方法进行，包括"海域等"和"海域级"两个层次。

海域等是一个基本单元海域的社会、经济和自然属性的综合反映。海域等别的高低，表征了海域资源质量的优劣，体现了海域资源价值的大小。每个基本单元对应一个海域等别，而一个海域等别具有若干基本单元。

海域分等是在全国范围内，根据基本单元海域的自然、社会和经济属性对其进行综合评定，并使评定结果等级化的过程。目前，已在全国范围内将223个海域基本单元进行了综合评定和等别划分，共划分为六个等别。

六、海域级和海域定级

海域级是相对于海域等来说，在更小尺度上、更小区域或者单元自然条件和区位条件的反映。与海域等类似，海域级别的高低，也表征了更小区域海域的资源质量的优劣，体现了该海域的资源价值的大小。

海域定级是在特定自然单元内，根据自然条件和区位条件等因素对该区域海域进行评定，并使评定结果等级化的过程。与海域等别评定有区别的是，海域级评定主要根据其自然条件差异和区位条件等，侧重自然属性特征，是海域自然属性的差异导致海域使用效益上的差异。其单元可采用以公里级网格等方式进行划分。该特定单元与行政单位没有关联，可以是某个行政区划单元内，也可能是跨行政区划单元，但单元内自然经济属性具有一定的均一性。

第二节　海域定级思路

海域定级可采用两种思路。

思路一：与土地类似，在海域等内更小区域或者单元自然条件和区位条件的反映。海域级评定主要根据其自然条件和区位条件差异等，侧重自然属性特征。海域级的顺序在海域等内进行排序。

优点有三，其一是与土地类似，便于相关管理部门理解；二是定级单元内定级工作量小，但全面推广工作量大；三是便于县、市、区级管理部门管理。

缺点有四，一是等与级之间关系不大，基准价主要是以级别为基础的基准价，等别基准价意义不大甚至不用（对应叫法是土地出让金纯收益，主要用做征地补偿、被征地农民原有生活水平补贴支出及农村基础设施建设支出，与海域使用金征收标准具有本质不同）；二是级别划分工作量大，周期长，需要对全国 223 个海域基本单元独立进行级别划分，之后相邻单元再进行衔接协调；三是各单元的级别划分与基准价标准自成体系，不同单元之间的级别完全没有对应关系，四是监测及管理难度相对大，特别是国家和省级管理部门监管相对困难。

思路二：海域级是比海域等更小的区域或者单元的自然条件和区位条件的综合评定，海域级的顺序在省（市、区）级范围内进行排序，各级之间不以行政区划单元为界。

优点：一是纯自然区域单元特征，无行政单元性质；二是体系性较好，海域等与海域级可以并存，海域等是在全国范围内的评定，海域级是在省级范围内的评定，制定的基准价也可以并存，未开展海域定级的征收标准仍可继续执行；三是单元之间能有效衔接，不会出现跳等或者接合不好现象，各行政单元之间能有效衔接；四是有利于省级管理部门监管；五是总体定级工作量相对小，有利于推广。

缺点：一是管辖海域范围大的沿海省、市，定级单元多，工作量也比较大；二是存在省与省之间的海域级与基准价之间的协调与衔接。

此外，定级也可以按照地级市进行，由于地级市行政单元有撤消趋势，长远来看，实际意义相对较小。

第三节　海域定级基本单元划分方法

目前土地定级单元采用了叠置法、地块法、网格法和多边形法四种方法。

（1）叠置法：将同比例的土地利用现状图与地形图、土壤图叠加，形成的封闭图斑即为有一定地形特征、土壤性质和耕地类型的定级单元。若图斑小于最小上图面积则应进行归并。叠置法适用于土地利用现状类型多、地貌类型较复杂的地区。

（2）地块法：以工作底图上明显的地物界线或权属界线为边界，将主导特性相对均一的地块，划分为农用地定级单元。也可直接采用土地利用现状图中的图斑作为定级单元。地块法适用于所有定级类型和地区。

（3）网格法：用一定大小的网格作为定级单元。网格大小以能区分不同特性的地块为标准，可采用固定网格，也可采用动态网格。网格法划分定级单元适用于定级因素空间变化不明显地区。

（4）多边形法：将所有定级因素分值图进行叠加，最终生成的封闭多边形即为定级单元。多边形法适用于所有定级类型和地区。

从海域特性来看，海域定级单元划分方法可概括为两种。

（1）标准分区法（类似土地的网格法、栅格法），根据定级试点区域比例，可采用 $1×1\ km^2$ 或者 $2×2\ km^2$，河北曾经采用该法进行了定级试点。

（2）自由分区法（地块法），对于海域面积大，均质性好的区域，可以采用自由分区法，自由分区综合考虑水深、水质和海岸性质，即将海域主导特性（质量）相对均一的区域作为划分的基本单元，单元之间大小不等，浙江大学曾经采用该方法在象山进行了海域定级试点（按照功能区划分）。

叠置法和多边形法由于资料及工作量等原因在海域定级中不宜采用。

在辽宁省级尺度开展了 2 种基本单元划分的比较研究，从划分结果看，各有利弊。采用的底图为 2012 年批复的辽宁省海洋功能区，标准分区法（ $1×1\ km^2$ ）在辽宁划分了 37 976 个基本单元，单元赋值和定级划分工作量极大，自由分区法根据水深和岸线特征划分了 270 个基本单元，单元少，但主要问题是主导特性难以确定。

第四节　海域定级类型

一、按照现有分类体系进行定级的优缺点分析

1. 按照新的海洋功能区分类进行定级

新的海洋功能区分类如表 1-1 所示。需要进行定级的主要类型包括：农渔业区、港口航运区、工业与城镇用海区、旅游休闲娱乐区四类（表 1-1）。

功能区主要是界定该区域的功能类型，不考虑用海方式，例如：农渔业区内可以存在填海造地，可以有人工鱼礁等构筑物，可以围海养殖也可以开放式养殖等，港口航运区、旅游休闲娱乐区内都可以填海。如果定级类型按照功能区进行，优点是与功能区结合紧密，但是，由于海域资源价值及使用金征收是与用海方式密切相关的，其结果是导致海域定级与用海方式的完全脱节，特别是填海造地用海的定级与基准价极其混乱，工业与城镇用海的填海造地定级与港口航运区、旅游休闲娱乐区及农渔业区填海造地定级结果。

表 1-1　海洋功能区分类及海洋环境保护要求

一级类	二级类	海水水质质量	海洋沉积物质量	海洋生物质量	生态环境
1 农渔业区	1.1 农业围垦区	不劣于二类			不应造成外来物种侵害，防止养殖自身污染和水体富营养化，维持海洋生物资源可持续利用，保持海洋生态系统结构和功能的稳定，不应造成滨海湿地和红树林等栖息地的破坏
	1.2 养殖区	不劣于二类	不劣于一类	不劣于一类	
	1.3 增殖区	不劣于二类	不劣于一类	不劣于一类	
	1.4 捕捞区	不劣于二类	不劣于一类	不劣于一类	
	1.5 水产种质资源保护区	不劣于一类	不劣于一类	不劣于一类	
	1.6 渔业基础设施区	不劣于二类（其中渔港区执行不劣于现状海水水质标准）	不劣于二类	不劣于二类	
2 港口航运区	2.1 港口区	不劣于四类	不劣于三类	不劣于三类	应减少对海洋水动力环境、岸滩及海底地形地貌的影响，防止海岸侵蚀，不应对毗邻海洋生态敏感区、亚敏感区产生影响
	2.2 航道区	不劣于三类	不劣于二类	不劣于二类	
	2.3 锚地区	不劣于三类	不劣于二类	不劣于二类	
3 工业与城镇用海区	3.1 工业用海区	不劣于三类	不劣于二类	不劣于二类	应减少对海洋水动力环境、岸滩及海底地形地貌的影响，防止海岸侵蚀，避免工业和城镇用海对毗邻海洋生态敏感区、亚敏感区产生影响
	3.2 城镇用海区	不劣于三类	不劣于二类	不劣于二类	
4 矿产与能源区	4.1 油气区	不劣于现状水平	不劣于现状水平	不劣于现状水平	应减少对海洋水动力环境产生影响，防止海岛、岸滩及海底地形地貌发生改变，不应对毗邻海洋生态敏感区、亚敏感区产生影响
	4.2 固体矿产区	不劣于四类	不劣于三类	不劣于三类	
	4.3 盐田区	不劣于二类	不劣于一类	不劣于一类	
	4.4 可再生能源区	不劣于二类	不劣于一类	不劣于一类	

一级类	二级类	海水水质质量	海洋沉积物质量	海洋生物质量	生态环境
5 旅游休闲娱乐区	5.1 风景旅游区	不劣于二类	不劣于二类	不劣于二类	不应破坏自然景观，严格控制占用海岸线、沙滩和沿海防护林的建设项目和人工设施，妥善处理生活垃圾，不应对毗邻海洋生态敏感区、亚敏感区产生影响
	5.2 文体休闲娱乐区	不劣于二类	不劣于一类	不劣于一类	
6 海洋保护区	6.1 海洋自然保护区	不劣于一类	不劣于一类	不劣于一类	维持、恢复、改善海洋生态环境和生物多样性，保护自然景观
	6.2 海洋特别保护区	使用功能水质要求	使用功能沉积物质量要求	使用功能生物质量要求	
7 特殊利用区	7.1 军事区				防止对海洋水动力环境条件改变，避免对海岛、岸滩及海底地形地貌的影响，防止海岸侵蚀，避免对毗邻海洋生态敏感区、亚敏感区产生影响
	7.2 其他特殊利用区				
8 保留区	8.1 保留区	不劣于现状水平	不劣于现状水平	不劣于现状水平	维持现状

2. 按照海域使用分类进行定级

海域使用分类如表 1-2 所示。定级的主要类型包括：渔业用海、工业用海、交通运输用海（港口航运区）、旅游娱乐用海、造地工程用海（工业与城镇用海区）五类（表 1-2）。优缺点与功能区分类类似。

表 1-2 海域使用类型名称和编码

一级类		二级类	
编码	名称	编码	名称
1	渔业用海	11	渔业基础设施用海
		12	围海养殖用海
		13	开放式养殖用海
		14	人工鱼礁用海
2	工业用海	21	盐业用海
		22	固体矿产开采用海
		23	油气开采用海
		24	船舶工业用海
		25	电力工业用海
		26	海水综合利用用海
		27	其他工业用海
3	交通运输用海	31	港口用海
		32	航道用海
		33	锚地用海
		34	路桥用海
4	旅游娱乐用海	41	旅游基础设施用海
		42	浴场用海
		43	游乐场用海
5	海底工程用海	51	电缆管道用海
		52	海底隧道用海
		53	海底场馆用海
6	排污倾倒用海	61	污水达标排放用海
		62	倾倒区用海
7	造地工程用海	71	城镇建设填海造地用海
		72	农业填海造地用海
		73	废弃物处置填海造地用海
8	特殊用海	81	科研教学用海
		82	军事用海
		83	海洋保护区用海
		84	海岸防护工程用海
9	其他用海		

3. 按照用海方式进行定级

按照海域使用金征收范围进行定级（表1-3）。定级的主要类型包括：填海造地、构筑物、围海和开放式用海四类。

定级完全按照该体系，优点是考虑了用海方式及其对海域资源环境的损害程度，与海域使用金征收范围也一致，缺点是与新的功能区结合不紧密。

表1-3　用海方式名称和编码

一级方式		二级方式	
编码	名称	编码	名称
1	填海造地	11	建设填海造地
		12	农业填海造地
		13	废弃物处置填海造地
2	构筑物	21	非透水构筑物
		22	跨海桥梁、海底隧道等
		23	透水构筑物
3	围海	31	港池、蓄水等
		32	盐业
		33	围海养殖
4	开放式	41	开放式养殖
		42	浴场
		43	游乐场
		44	专用航道、锚地及其他开放式
5	其他方式	51	人工岛式油气开采
		52	平台式油气开采
		53	海底电缆管道
		54	海砂等矿产开采
		55	取、排水口
		56	污水达标排放
		57	倾倒

二、现有的分类定级研究采用的分类方式

1. 象山县海域定级试点

浙江大学2012年开展了对浙江省象山县海域定级与基准价评估试点，其采用的分类基本采用了新的功能区分类方式，即主要按照：港口用海、农渔

业用海、旅游用海、海水资源利用、工业和城镇建设用海及海水资源利用
（表1-4）。

表1-4　象山县海域分类定级与基准价格表达方式

港口用海	一年期和最高年期的区片价、级别价
农渔业用海	一年期和最高年期的区片价、级别价
旅游用海	一年期和最高年期的区片价、级别价
海水资源利用用海	一年期和最高年期的区片价、级别价
工业和城镇建设用海	一次性海域使用权的区片价、级别价

2. 河北省分类定级研究

2004年，在海域分等及海域使用金征收标准和征收范围出台以前，河北
省按照分类定级思路开展了定级与基准价评估试点，其分类包括：港口航运
用海、渔业用海、旅游娱乐用海、围填海用海、其他用海，基本按照老的功
能区分类进行的（表1-5）。

表1-5　海域使用分类定级类型及区域分布表

类型	分布区域	一级	二级	三级
港口航运用海		秦皇岛港	黄骅港、京唐港、山海关港、曹妃甸港区	其他港口、航运用海
渔业用海	浮筏式（箱、吊）、底播养殖	滦河口-山海关一部分、老龙头-金山嘴一部分、老龙头以东-省界	滦河口-山海关一部分、老龙头-金山嘴一部分、昌黎县	南堡盐场等其他
	滩涂养殖	大桅河以东、新村东部池塘养殖区、岐口-徐家堡滩涂中低潮带一部分	岐口-徐家堡滩涂中低潮带一部分等	其他
旅游娱乐用海		海港区西浴场、海洋花园浴场等	小东山浴场等	国际游乐中心浴场、海兴扬埕水库风景区等
围、填海用海		南戴河仙螺岛	哈尔滨动力集团填海项目	沧东电厂
其他用海	排污倾废用海			
	盐业用海	沧州海域盐田	唐山海域盐田	
	修造拆船用海	山海关船厂		

3. 海域分等定级与价值评估的理论与方法

在海域分等与海域使用金标准制定中，开展了对海域进行分等定级研究，定级的类型包括：填海造地、构筑物用海、围海用海、开放式用海。与海域使用金征收范围一致。

三、拟采用的定级分类方案

结合现有用海类型进行定级的优缺点分析及现有分类定级试点，认为以用海方式作为海域定级分类基础，综合用海方式和功能区分类进行海域定级，具体类型见表1-6。

表1-6　海域定级类型

用海方式分类		功能区分类		定级类型	基准价评估	对应功能区
一级类	二级类	一级类	二级类			
填海造地	工业用填海造地	工业与城镇用海区	工业用海区	填海造地用海	工业用填海造地	工业与城镇用海区+农渔业用海区+港口航运用海区+旅游休闲娱乐用海区
	商住（城镇）用填海用造地		城镇用海区		商住用填海用造地	
	废弃物处置填海用造地		工业用海区		废弃物处置填海用造地	
	农业用填海用造地	农渔业区	农业围垦区、渔业基础设施区		农业用填海用造地	
构筑物	非透水构筑物	工业与城镇用海区	工业用海区		非透水构筑物	
	透水构筑物	港口航运区	港口区	港口航运用海	透水构筑物	港口航运区
围海	港池、蓄水等				港池、蓄水等	
	围海养殖	农渔业区	养殖区	农渔业用海	围海养殖	农渔业区+保留区
开放式	开放式养殖		增、养殖区		开放式养殖	
	浴场	旅游休闲娱乐区	文体休闲娱乐区	旅游娱乐用海	浴场	旅游休闲娱乐区
	游乐场				游乐场	

第五节 海域定级指标体系

一、指标体系确定原则

（1）可获取性原则：通过实地调查或者资料查询可获取且具有普适性或者通过在海图、电子地图等上面量算获得。

（2）实地可调查原则：可通过实地调查或者测量获得。

（3）指标可量化原则：以数值形式可直接采用或者换算后可用。

（4）资料有效性原则：采用资料原则上是海域定级时 3 年内，不能超过 5 年。

（5）综合性原则：去粗取精，吸收前人研究成果获得。

（6）指标独立性原则：各指标彼此之间相对独立，关联性低。

二、填海造地用海指标体系

指标体系见表 1-7，指标说明见定级部分。

县、市、区及省之间的海域界线统一按照勘界界线。

表 1-7 填海造地用海定级指标体系

定级因素	权重	评价因子	权重
海域自然条件	32	海岸质量指数	6
		海水质量指数	4
		离岸距离指数	10
		水深指数	8
		灾害性天气指数	4
区位条件	28	海域等级指数	10
		城区距离指数	10
		海滨浴场距离指数	4
		与海洋保护区距离指数	4
海域资源稀缺条件	15	岸线稀缺指数	15
毗邻土地条件	15	毗邻相同用地类型土地价格	15
交通条件	10	交通条件发达指数	10

三、港口航运用海指标体系

见表 1-8。

表 1-8　港口航运围海用海定级指标体系及权重

定级因素	权重	评价因子	权重	说明
海域自然条件	0.4	海岸质量指数	0.1	
		海水质量指数	0.1	
		平均水深	0.07	
		底质条件指数	0.04	
		淤积指数	0.04	
		港口航行条件指数	0.05	
港口航运规模	0.2	吞吐量	0.12	
		泊位数	0.08	
港口经济效益	0.15	港口年总产值	0.15	
区位条件	0.15	海域等级指数	0.9	
		城区距离指数	0.06	
海域资源稀缺条件	0.06	岸线稀缺指数	0.06	
交通条件	0.04	交通条件指数	0.04	

四、养殖用海指标体系

见表 1-9。

表 1-9　养殖用海定级指标体系

定级因素	权重	评价因子	权重	说明
海域自然条件	0.4	海岸质量指数	0.05	
		海水质量指数	0.12	
		离岸距离指数	0.08	
		水深指数	0.08	
		养殖天气指数	0.07	

续表

定级因素	权重	评价因子	权重	说明
海洋生物资源条件	0.3	初级生产力	0.1	
		浮游生物密度	0.1	
		底栖生物密度	0.1	
区位条件	0.2	海域等级指数	0.12	
		城区距离指数	0.08	
交通条件	0.1	交通条件指数	0.1	

五、旅游用海指标体系

见表1-10。

表1-10　旅游用海定级指标体系

定级因素	权重	评价因子	权重	说明
海域自然条件	0.4	海岸质量指数	0.05	
		海水质量指数	0.12	
		底质质量指数	0.1	
		旅游天气指数	0.06	
		海底坡度条件	0.07	
旅游条件	0.3	旅游区质量等级指数	0.15	
		旅游区年客流量	0.08	
		旅游区年收入	0.07	
区位条件	0.2	海域等级指数	0.12	
		城区距离指数	0.08	
交通条件	0.1	交通条件指数	0.1	

第六节　海域定级指标数据标准化处理方法

指标数据获取后，需要根据指标统计数据进行标准化处理。数据标准化方法比较多，常用的有极值标准化、对数标准化及赋值标准化方法等。根据指标值数量级差异，本次海域定级统一采用极值标准化方法，部分非数据性的资料，采用赋值标准化方法进行处理，个别指标由于差异太大，达 2 个以上数量级，可采用极值对数标准化方法进行处理。

一、极值标准化

极值标准化的公式采用相对值法计算指标的作用分，与对数标准化方法相比，主要在于对原始数据不进行对数变换，标准化结果按 0—100 封闭区间赋分。因素指标与作用分的关系呈正相关，指标条件越好，作用分越高，计算公式为：

$$f_I = 100(x_I - x_{min})/(x_{max} - x_{min})$$

式中：f_I——某指标值的作用分

　　　x_{min}、x_{max}、x_I——分别为指标的最小值、最大值和某数值

二、赋值标准化

对于海岸质量指数、海水质量指数、海域等级指数、城区距离指数、海洋保护区距离指数、交通条件发达指数等，指标分值是通过赋值得到，赋值时按照 0-100 封闭区间取值，直接得到标准化结果。

三、极值对数标准化

极值对数标准化采用对数相对值方法计算指标的标准化分值，按 0-100 分封闭区间赋分。因素指标与作用分的关系呈正相关，指标条件越好，作用分越高，计算公式为：

$$f_I = 100[\ln(x_I) - \ln(x_{min})]/[\ln(x_{max}) - \ln(x_{min})]$$

式中：f_I——某指标值的作用分

　　　x_{min}、x_{max}、x_I——分别为指标的最小值、最大值和某数值

第七节　海域基准价内涵及价值组成

一、自然资源内涵与价值组成

《辞海》的定义：指天然存在的（不包括人类加工制造的原材料）并有利用价值的自然物，如土地、矿藏、水利、生物、气候、海洋等资源，是生产的原料来源和布局场所。

联合国环境规划署的定义：在一定的时间和技术条件下，能够产生经济价值，提高人类当前和未来福利的自然环境因素的总称。

于光远的定义：自然资源是指自然界天然存在、未经人类加工的资源，如土地、水、生物、能量和矿物等。

自然资源特征：（1）具有垄断性、有限性和不可缺性。（2）可用性、整体性、变化性、空间分布不均匀性和区域性等特点。其实质：有用、有限、分布的不平衡性（区域差异）。自然资源的特殊性决定了自然资源价值构成的特殊性，其组成应当包含使用价值和补偿价值两部分。

补偿价值是表现人类对自然资源功能、质量折损产生的价值补偿，使用价值是表现自然资源可满足人类需要的有用性的价值特征。

二、海域使用金、海洋生态服务功能价值及海洋生态补偿的内涵

三者均界定为海洋自然资源价值范畴。

海域使用金：《海域法》规定，海域使用金是国家作为海域自然资源的所有者出让海域使用权应当获得的收益，是资源性国有资产收入。定义：国家以海域所有者身份依法出让海域使用权，而向取得海域使用权的单位和个人收取的权利金。海域使用金标准制定时也是将海域使用金按照其属于海洋自然资源范围处理的。

海洋生态服务功能价值的内涵：是指海洋生态系统在未受影响的原态条件下所能提供的各种服务的货币表现。

海洋生态补偿的实质：指由于海洋开发活动对海洋生态系统服务功能产生损害时的价值补偿。

从海洋生态服务功能价值及海洋生态补偿的特征分析，明显属于自然资源特征，属于自然资源补偿价值（功能价值）部分。

三、海域基准价组成

土地基准价是指某一估价期日上法定最高年期土地使用权区域的平均价格。

按照《海域使用估价规程》定义：海域基准价格是指某一基准日一定年期海域使用权的区域平均价格。

"海域定级及价值评估的理论与方法"定义：海域基准价是正常经营条件下，每一个海域等的不同海域使用类型的海域使用权平均价格，海域使用金

标准实质上也属于海域基准价格。

从土地与海域对基准价的定义看,基准价包括三个要素:区域因素(等或者级,相对均质区域),平均价,年期,此外,不论是基准价,还是海域使用金,均属于资源资源范围,是自然资源的一种表现形式。

考虑到海域使用金征收标准是以等为基础,因此,本次研究界定海域基准价定义为:是某一基准日法定最高年期,不同用海海域级别的海域使用权平均价格。

现有研究表明,自然资源价值=自然资源使用价值+自然资源补偿价值,海域使用金=海域空间资源占用金+海域属性改变附加金,由于海域基准价与海域使用金内涵类似,实质也是海域自然资源价值的一种形式,是基于海域级别的海域资源价格,其价值组成也包括两部分,即:

海域基准价=海域空间资源利用金+海洋生态补偿金

关于海域等、海域使用金征收标准、域级及海域基准价相互之间关系,如下:

海域使用金征收标准:基于海域等,实质也是一种基准价,是某一海域等内一定年期的平均价格。

海域基准价:基于海域级划分,是海域级内一定年期的平均价格。

在海域有偿使用管理上,对于进行了定级及基准价制定的用海类型,可以按照基准价征收,没有进行定级的,可以按照等别的征收标准执行。

总体来说,海域级及基准价评估是比海域等及使用金征收标准更为细化和更为准确的自然资源有偿出让及市场出让价格表现形式。

海域基准价管理上表示形式见表1-11。

表1-11　海域基准价表

	海域资源价值	一级	二级	三级	四级	五级	六级	…
工业填海造地	资源利用金	50	…	…	…	…	…	…
	生态补偿金	10	…	…	…	…	…	…
	基准价(海域使用金)	60	…	…	…	…	…	…
…	…	…	…	…	…	…	…	…

第二章 辽宁海域资源及海域使用概况

辽宁省濒临黄海和渤海，地处环渤海和东北亚经济圈关键地带，地理坐标介于东经118°50′至125°46′，北纬38°43′至43°26′之间，南濒浩瀚的黄、渤二海，辽东半岛斜插于两海之间，隔渤海海峡，与山东半岛遥相呼应；西南与河北省接壤；西北与内蒙古自治区毗连；东北与吉林省为邻；东南以鸭绿江为界与朝鲜民主主义人民共和国隔江相望，国境线长200多km。沿海经济带主要包括丹东、大连、营口、盘锦、锦州和葫芦岛6市及绥中县（省直管），资源禀赋优良，海岸线全长3 011.4公里，占全国的1/8，居全国第五位，宜港岸线1 000余公里，深水岸线400余公里，优良商业港址38处，与日本、韩国、朝鲜、俄罗斯和蒙古等国家相邻相近，是国家沿海重要的经济和战略省份。海洋环境保护较好，中、轻度污染区范围保持稳定，重度污染区范围略有缩小。经济持续高速发展，国民生产总值增长率保持在13%以上，海洋产业增加值在20%以上。海域开发程度高，海域使用率约为12.7%，岸线利用率达75.6%。

从国内外经济和社会发展的成功经验看，海洋驱动沿海地区发展已经成为经济增长和社会进步的引擎。在世界各大沿海经济带中，以美国"双岸"经济带与日本太平洋沿岸工业带的开发最为典型。从国内看，沿海地区带动和辐射作用明显，先后形成了"长三角"、"珠三角"、"京津冀"、"辽宁沿海经济带"和"山东半岛蓝色经济区"等沿海经济区、圈和带。在国务院于2009年7月1日批准"辽宁沿海经济带发展规划"以来，辽宁沿海经济带面临着国家实施振兴东北老工业基地和进一步扩大沿海地区对外开放的双重机遇，海洋将对辽宁沿海经济带的经济繁荣、工业开发、产业结构调整、食品供应和民生福利具有至关重要的作用。目前，辽宁沿海经济带建设取得了令人瞩目的成绩，海洋经济呈现出快速平稳的增长态势，2013年国民生产总值增长率达到9.5%，国民生产总值总量达到24 801亿元，排名第7，海洋产业增加值年均增长率达 22.8%，高于国民经济发展速度 7.2 个百分点，为沿海经济带的发展奠定了坚实的基础。目前，辽宁已初步形成港口运输、海洋渔业、滨海旅游、海洋油气、海洋化工为主体的海洋产业体系，海洋产业产值逐年上升，全省经济正由"内陆型"向"海洋-内陆型"过渡，已由海洋大省向海洋强省迈进。

第一节　沿海经济带行政区概况

辽宁横跨黄海、渤海两个海域，涉海区域包括丹东、大连、营口、盘锦、锦州和葫芦岛 6 个地级市及绥中县，陆域面积为 5.7 万 km²，约占全省陆域总面积的 39.1%。全区陆域边界一般约距海岸线 50~60 km，是辽宁省重要的经济发展地带和对外贸易基地。

涉海县级以上行政区划如下：

丹东市：包括 1 个县级市即东港市。

大连市：包括 6 个市辖区、3 个县级市和 1 个县。6 个市辖区包括西岗区、中山区、沙河口区、甘井子区、旅顺口区和金州区，3 个县级市包括瓦房店市、普兰店市和庄河市，1 个县即长海县。

营口市：包括 2 个市辖区和 1 个县级市。2 个市辖区即鲅鱼圈区和老边区，县级市即盖州市。

锦州市：1 个县级市即凌海市。

盘锦市：包括 2 个县即盘山县和大洼县。

葫芦岛市：包括 2 个市辖区、1 个县级市、1 个县。2 个市辖区即龙港区和连山区，县级市即兴城市，县即绥中县。

第二节　辽宁海洋资源现状

辽宁海洋资源丰富。海岸线全长 3 011.43 公里，其中大陆岸线长 2 110.14 公里，海岛岸线长 901.3 公里，海域面积 15 万平方公里，海岛总计 402 个，其中有居民海岛 43 个、无居民海岛 359 个，总计面积 501.49 平方公里，滩涂资源约 2 654.1 平方公里，约占全国的 9.5%，滨海湿地面积 3 474.7 平方公里，海湾 52 个，面积 2 379.4 平方公里。有港址资源 38 处，宜港岸线总长 185.7 公里，其中深水岸线占 50% 左右，并初步形成了以大连港和营口港为主，锦州港和丹东港为辅，葫芦岛港和盘锦港为补充的发展格局。沙（砾）滩 77 处，沙（砾）滩岸线长 51.42 公里，浴场 77 处，浴场面积 33.68 平方公里，有滨海旅游景点 197 处，海洋历史文化旅游资源 79 处，组成了 4 个旅游资源区，8 个旅游资源亚区和 20 个旅游资源小区。辽河滩海探明石油地质储量 11 975 万吨，天然气地质储量 92.34 亿立方米，存在 8 个海砂分布区，总面积约 9 000 平方公里，储量约 $99×10^8$ 立方米。生物资源中，叶绿素 a 平均值为 3.22 mg/m^3，初级生产力春季平均为 32.686 $mgC/m^2·h$，冬季平均为 18.821 $mgC/m^2·h$，渔获种类数 78 种，具有较高经济价值的鱼有 24 种，鱼类资源量约 50 万吨，海珍品（海参、鲍鱼、扇贝）资源量近万吨，鱼、虾、贝等资源总量约 100 万吨，年捕捞量 6.74 万吨。全省可供开发的潮汐能 27 处，理论蕴藏量为 193.6 万千瓦，理论潮汐能为 57.7 亿度，可能开发的装机容量为 58.6 万千瓦，可能开发的潮汐能为 16.1 亿度。风能资源总储量为 $0.89×10^8$ 千瓦，可开发量为 251.51 万千瓦，存在 10 个重点风能资源开发区，100 余个风电场场址，合计装机潜力 534 万千瓦。

第三节　海洋环境现状

近年来，辽宁近岸海洋环境状况较过去略有好转，但污染形势依然严峻。2013 年，一类水质海域面积约为 8 000 km^2，占全省管控海域面积 2.17 万 km^2 的 37%，较上年上升了 4%，二类、三类和四类面积分别是 2 420 km^2、5 950 km^2 和 560 km^2，劣于第四类海水水质标准的面积为 4 790 km^2，较上年减少了 7%。严重污染海域主要分布在双台子河口至辽河口近岸及大连湾部分海域，主要污染物为无机氮、活性磷酸盐和石油类；沉积物质量总体一般，部分海域沉积物受到石油类、硫化物和部分重金属的污染。

据统计，监测的 56 个排污口达标排放次数占全年的 50.7%，主要超标污染物为总磷、悬浮物和氨氮。鸭绿江、大辽河、双台子河及大、小凌河等 8 条入海河流排海的主要污染物总量为 50.21 万吨，其中，化学需氧量和砷入海量与上年持平，重金属入海量有所增加，石油类和营养盐入海量有所减少。近岸海域生态系统健康状况仍不容乐观，双台子河口和锦州湾生态系统均处于亚健康状态，浮游生物、底栖生物和鱼卵仔鱼丰度处于较低水平，围填海对栖息地的破坏和陆源排污是影响双台子河口和锦州湾生态系统健康的主要因素，部分区域海水入侵严重，土壤盐渍化程度较高。

第四节　社会经济现状

1995 以来，辽宁省沿海城市国民生产总值（以下简称 GDP）占全省的比例呈阶段上升，2002 年以前在 30% 左右，2003 年以后增至 49.62%，此后直至 2010 年均稳定在 50% 左右。2013 年辽宁省 GDP 为 27 100 亿元，沿海六市 GDP 总量 13 809.8 亿元，占全省 GDP 比例 51%（见表 2-1）。

表 2-1　辽宁省及沿海城市 GDP（1995—2010 年）

年份	辽宁省 GDP（亿元）	沿海城市 GDP（亿元）	沿海城市 GDP 占全省比例
1995	2793.3	856.9	30.7%
1996	3157.6	942.9	29.9%
1997	3582.4	1084.5	30.3%
1998	3881.7	1157.7	29.8%
1999	4171.7	1235.3	29.6%
2000	4669.1	1376.3	29.5%
2001	5033.1	1556.3	30.9%
2002	5458.3	1631.5	29.9%
2003	6002.5	2978.6	49.6%
2004	6672.6	3500.6	52.4%
2005	8009.0	3980.9	49.7%
2006	9257.1	4729.9	51.1%
2007	11023.5	5145.2	46.7%
2008	13461.6	6258.5	46.5%
2009	15212.5	7613.7	50.0%
2010	18457.3	9259.9	50.2%
2011	22530	–	–
2012	24801.3	12646.7	51%
2013	27100	13809.8	51%

辽宁省沿海地区总体发展水平较高，但区域发展不均衡，2013 年大连市GDP 为 7 650.8 亿元，占全省的 28.23%，占沿海六市的 55.4%，而葫芦岛市GDP 只占全省的 2.89%（见表 2-2）。以人均地区生产总值为衡量标准，沿海地市的经济发展也存在着较为显著的区际差异。2013 年，大连市的人均 GDP 达到了 114 361.73 元/人，远高于省会城市沈阳及其他地市，成为全省经济增长的龙头。盘锦市的人均 GDP 达到了 100 574.71 元/人，仅次于大连市，位于全省的第二位。而营口、丹东、锦州、葫芦岛四个沿海城市仅排在省内的 7-14 位，位于全省的中下游水平。

总体而言，辽宁沿海地区发展高于省内陆地区。沿海 6 市 GDP 总量占全省 14 个市的 51%，发展速度明显是沿海地区高于内陆地区，并呈逐年上升趋势，GDP 所占比例由 30% 上升到 50% 左右。

表 2-2　辽宁沿海城市 2013 年 GDP 及占全省 GDP 比例统计表

		人均 GDP（元）	人均 GDP 排名	GDP（亿元）	占全省 GDP 比例（%）	占沿海地区 GDP 比例（%）
沿海地区	大连市	114 361.73	1	7 650.8	28.23	55.4
	营口市	62 318.78	7	1 513.1	5.58	10.95
	盘锦市	100 574.71	2	1 400	5.17	10.14
	锦州市	43 023.03	10	1 344.9	4.96	9.74
	丹东市	45 685.07	9	1 117	4.12	8.09
	葫芦岛市	29 889.44	14	784	2.89	5.68
	合计	73 833.4		13 809.8	51	
全省		62 094.72		27 100		

第五节　海洋经济状况

辽宁省海洋经济呈现出快速平稳的增长态势，2000—2009 年间，海洋产业增加值年均增长率达 22.8%，高于同期地区经济发展速度 7.2 个百分点。到 2009 年，全省海洋生产总值达 2 281.2 亿元，占沿海地区生产总值的比重 15%，在 11 个沿海省份（区市）中排名第 7，为广东的 34.2%，上海的

54.3%，山东的 39.2%，全省海洋产业增加值 18 822 亿元。近年来，辽宁省海洋资源开发利用取得长足进展，海洋渔业、海洋交通运输业、海洋油气业、海洋船舶制造业、海盐业以及滨海旅游业等传统海洋产业迅猛发展，同时海洋药物、海洋能利用等新兴海洋产业也开始兴起，已形成了集海洋渔业、海洋盐业和盐化工业、海洋交通运输业、海洋油气开采业、滨海旅游业、海洋科教服务业于一体的门类较为齐全的海洋产业体系。

第六节　海域使用现状

海域使用类型多，依法用海和开发利用程度高。据统计，海域总面积 34 784 183 104 公顷，已利用海域面积 443 104.1 公顷，海域利用率为 12.7%。滩涂用海面积 97 300 公顷，占全省海域使用面积的 22%。海岛和滩涂是海域开发利用的集中区域。海岛主要分布在辽东半岛南部，海岛周边海域面积约为 571 249 公顷，海域使用面积约为 175 370 公顷，海域使用率约为 30%，高于全国海岛周边海域使用率，主要集中在大连长山群岛、丹东大鹿岛和小鹿岛。滩涂开发利用主要在鸭绿江口附近海域和辽东湾顶部海域。

大陆岸线中有 1 595.6 公里已被开发，利用率高达 75.6%，利用类型包括养殖岸线、盐业岸线、渔港岸线、港口岸线、围海造地岸线和其他岸线。在已开发利用的岸段中，养殖岸线最长，为 933.6 公里，占全省大陆岸线的 44.3%；其次是盐业岸线，长度为 269.6 公里，占 12.8%；其余岸线长 392.4 公里，占 18.6%。

第三章　辽宁海域有偿使用现状

海域使用管理工作的核心之一是贯彻海域有偿使用制度。为加强海洋综合管理，各沿海国家均建立了海岸带管理或海洋开发利用方面的管理制度，其中，实行海域有偿使用制度，也是海域使用方面的基本制度，为目前世界各国的海域使用立法所普遍采用，只是在不同的国家，对这种有偿使用所征收费用的称谓有所不同，如韩国因填埋海域而征收的费用称为"埋立费"；比利时因海岸带及近岸海域的使用而征收的费用称为"租金"；英国将使用皇室地产而征收的费用称为"租用费"；我国则一律称为"海域使用金"。

第一节　海域有偿使用沿革

一、我国海域有偿使用沿革

我国海域有偿使用历程与我国对海域资源的认识紧密相关，其发展经历了5个阶段：

（1）自然资源无价论阶段（20世纪80年代以前）。

计划经济体制下，认为自然资源没有价值，没有劳动参与的东西没有价值，或者认为不能交易的东西没有价值。

（2）自然资源有价论阶段（20世纪80—90年代）。

社会主义市场经济体制下，其主导的自然资源价值观念发生了转变，逐渐接受欧美等西方学者的自然资源价值理论，对资源的认识由无价值转变为有价值。土地资源、森林资源、石油资源和水资源等的价值评估逐渐开始付诸实施。

（3）海域属于自然资源阶段（20世纪90年代至本世纪初）。

逐渐认识到，海洋与土地一样，也是一种自然资源，也是有价值的，其开发、使用应该是有偿的，部分县市制定了《海域使用管理办法》，1993年，财政部、国家海洋局联合发布了《国家海域使用管理暂行规定》，提出了实行海域使用证制度，明确了海域有偿使用制度。

（4）海域有偿使用及申请审批（市场配置萌芽）阶段（本世纪初—2008年）。

2001年10月27日，第九届全国人民代表大会常务委员会第二十四次会议审议通过了《中华人民共和国海域使用管理法》，财政部和国家海洋局在2004—2006年启动并完成了全国海域分等和海域使用金标准制定工作，出台了统一的全国海域使用金征收标准。海域资源市场化配置意识开始出现，部分沿海市、县出台了相关办法，2002年2月南通市出台了《南通市海域使用（养殖用海）权出让实施方案》，2003年盐城市出台了《盐城市海域使用权招标拍卖实施办法》，北海市颁布了《北海市海域使用权出让转让管理暂行规定》，惠州市颁布了《惠州市海域使用权招标拍卖暂行规定》，2004年东港市制订了《东港市海域使用权拍卖暂行办法》，唐山市颁布实施了《唐山市海域使用权招标、拍卖、挂牌出让暂行办法》，连云港市颁布实施了《连云港市海域使用权出让招标拍卖实施办法》。省级管理办法和规定最早是福建，2006年出台了《福建省海域使用权抵押登记办法》（闽海渔〔2006〕463号），2007年出台了《福建省招标拍卖挂牌出让海域使用权办法》（闽海渔〔2007〕35号），此时，海域市场化有需求但不迫切。

（5）海域评估与市场化配置起步及试点阶段（2008年以来）。

沿海海域市场化配置需求强烈，沿海地方相继出台了海域市场化配置及流转办法，2009—2011年是省级政策规定出台的高峰，大部分省、市出台了相关政策，如江苏、浙江、天津、辽宁、广东5省市，大部分县级政策与规定也是2009—2011年之间在省级政策制订基础上加以细化和配套推出。江苏、浙江、福建、广东等省开展了招拍挂及评估试点，2012年12月，国家海洋局出台了《关于全面实施以市场化方式出让海砂开采海域使用权的通知》，是国家层面出台的关于海域资源市场化配置的文件与规定。在未来的几年内，将是大力推进海域资源市场化配置的关键阶段，建立相对成熟的政策制度与技术体系。

二、辽宁海域有偿使用沿革

辽宁海域有偿使用起步较早。20世纪90年代初，辽宁、海南、山东等地先后出现了外商使用我国海域的问题，一些外商多次要求我方对其使用海域进行报价磋商。为规范海域使用，部分县市制定了《海域使用管理办法》，但收费标准、审批部门等各不相同，出现多头对外审批现象。为此，1991年，国家海洋局、财政部联合向国务院提交了《关于外商投资企业使用我国海域有关问题的报告》。次年，国务院批复通知［国办通［1992］20号］明确要求"为加强对使用我国海域（包括内海、领海的水体、底土部及其上空）的管理，应尽快制定对国内外企业使用我国海域从事生产经营活动的行政管理办法，实行颁发海域使用许可证的制度和有偿使用海域的制度。"并要求国家海洋局和财政部有关部门制定行政管理办法、申请审批程序和收费标准。1993年，财政部、国家海洋局联合发布了《国家海域使用管理暂行规定》，提出了实行海域使用证制度，明确了海域有偿使用制度，并规定了海域使用金的征收标准，由各地根据具体情况制定，但每年每亩不得低于100元。据此，辽宁省1993年由省财政厅和省海洋局联合制定了《辽宁省实施〈国家海域使用管理暂行规定〉细则》，并规定了主要用海的海域使用金征收标准（表3-1）。

表3-1　辽宁省海域使用金征收执行标准（1993）（元/亩·年）

海岸工程	围海造田	旅游项目	矿产资源开采	海水增、养殖	海底电缆、管道	其他经营性项目
≥200	≥1000	≥100	≥150	≥100	工程总造价1‰	参照上列标准评估

《中华人民共和国海域使用管理法》颁布以来，辽宁省积极贯彻实施《海域法》，以加快海洋经济发展为中心，紧紧围绕海洋开发活动的权益、资源、环境和可持续发展，规范管理，文明服务，开拓进取，努力为经济和社会发展服务。2005年2月28日，辽宁省第十届人民政府第41次常务会议审议通过了《辽宁省海域使用管理办法》，于2005年4月1日起施行。2007年3月1日海域使有金标准颁布实施后，辽宁省根据该标准颁发全省并进行实施，沿海各市根据省规定制定了各市征收标准。

第二节　海域有偿使用政策制度

1993年5月，国务院财政部和国家海洋局以（93）财综字第73号文联合发文，颁布《国家海域使用管理暂行规定》，在全国范围内海域使用实行有偿使用制度。2001 年 10 月颁布的《海域使用管理法》规定："国家实行海域有偿使用制度。单位和个人使用海域，应当按照国务院的规定缴纳海域使用金。"《海域法》的颁布实施，为海域有偿使用制度的推行和海域资源价格的管理提供了法律依据。为进一步落实海域使用制度，加强海域使用金管理，2007 年 1 月，财政部、国家海洋局又联合下发了《关于加强海域使用金征收管理的通知》（财综〔2007〕10 号）。

一、海域法颁布前相关规定

1. 《国家海域使用管理暂行规定》

1993 年 5 月，财政部和国家海洋局以（93）财综字第 73 号文联合发文，颁布《国家海域使用管理暂行规定》，在全国范围内海域使用实行有偿使用制度，并对海域使用金的征收与减免作了相关规定，其主要内容有：

（1）征收范围。凡在我国有偿转移海域使用权的，必须向国家缴纳海域使用金。

（2）征收标准。海域出让金的征收标准，由各地根据具体情况制定，但每年每亩不得低于 100 元。具体上缴比例由各省、自治区、直辖市和计划单列市财政部门制定。

（3）征收方式。海域使用金可一次缴纳，也可按年度缴纳。

（4）管理与使用。海域使用金归中央政府和地方政府所有，其收入应全部上缴财政部门。其中 30% 上交中央财政，70% 留归地方财政。海域使用金由海洋行政主管部门代收代缴，没有海洋行政主管部门的地区，由财政部门负责征收。海洋行政主管部门应在次月 5 日前将收到的海域使用金上缴财政部门。上缴地方财政的海域使用金，作为地方财政的预算固定收入；上缴中央财政的海域使用金，作为中央财政的预算固定收入。上述收入由各级财政统筹安排，主要用于海域开发建设、保护和管理。

2. 《关于对渔民暂缓征收海域使用金的通知》

为了减轻渔、农民负担，财政部于 1994 年下发了《关于对渔民暂缓征收海域使用金的通知》，凡利用海域进行海水养殖的渔民个人，暂缓征收海域使用金。

3. 《关于加强海域使用管理工作的通知》

2000 年，为了落实海域使用管理的各项制度，整顿用海秩序、纠正无偿占用国家海域空间资源行为，加强海域使用金的征收管理，财政部、国家海洋局联合下发了《关于加强海域使用管理工作的通知》（财综字［2000］34号），对海域使用金的征收做出了进一步规定。

（1）使用国家海域从事生产经营活动的单位和个人，必须按规定缴纳海域使用金。生产经营活动包括非公益性港口和码头及其附属设施、旅游设施、养殖（含渔民个人海水养殖）、盐田、采矿及油气开发、管道铺设、排污倾废、围填海等海洋工程和设施。公益事业、军事、市政排污等非营利性用海活动，报当地海洋行政主管部门签署意见后，经财政部门批准可以免交海域使用金。

（2）海域使用金是国家出让海域使用权的收益；30%上交中央财政，70%上交地方财政，分别缴入中央金库和地方金库。海域使用金由各级财政统筹安排，主要用于海域整治、保护和管理。

（3）严格执行海域使用金减免程序。海域使用金的减免政策由财政部制定，省、自治区、直辖市和计划单列市财政部门可以根据本地区的实际情况制定具体减免办法。其他任何组织、单位和个人都无权制定海域使用金减免政策和决定海域使用金的减免。

二、海域法涉及的相关主要规定

1. 国家实行海域有偿使用制度

单位和个人使用海域，应当按照国务院的规定缴纳海域使用金。海域使用金应当按照国务院的规定上缴财政。

2. 海域使用金的征缴方式

根据不同的用海性质或者情形，海域使用金可以按照规定一次缴纳或者按年度逐年缴纳。

3. 海域使用金的免缴或减缴

军事用海，公务船舶专用码头用海，非经营性的航道、锚地等交通基础设施用海，教学、科研、防灾减灾、海难搜救打捞等非经营性公益事业用海免缴海域使用金。

经有批准权的人民政府财政部门和海洋行政主管部门审查批准，公用设施用海、国家重大建设项目用海和养殖用海可以减缴或者免缴海域使用金。

三、海域法颁布后相关规定

海域法颁布之后，为有效落实海域有偿使用制度，在国家层面相继出台了《临时海域使用管理暂行办法》《海域使用金减免管理办法》《关于加强海域使用金征收管理的通知》《关于海域使用金减免管理等有关事项的通知》和《关于全面实施以市场化方式出让海砂开采海域使用权的通知》等配套办法与规定，进一步规范海域使用金征收管理工作。

1. 《海域使用金减免管理办法》

为规范海域使用金减免行为，切实保障海域使用权人的合法权益，财政部、国家海洋局联合制定了《海域使用金减免管理办法》，对免缴、减免的用海类型，申请减免的程序，减免的审批等作了具体的规定。

（1）免缴海域使用金的用海。

依法免缴海域使用金的用海类型有：军事用海；用于政府行政管理目的的公务船舶专用码头用海（包括公安边防、海关、交通港航公安、海事、海监、出入境检验检疫、环境监测、渔政、渔监等公务船舶专用码头用海）；航道、避风（避难）锚地、航标、由政府还贷的跨海桥梁及海底隧道等非经营性交通基础设施用海；教学、科研、防灾减灾、海难搜救打捞、渔港等非经营性公益事业用海。

（2）减免海域使用金的用海。

依法减免海域使用金的用海有：除避风（避难）以外的其他锚地、出入海通道等公用设施用海；列入国家发展和改革委员会公布的国家重点建设项目名单的项目用海；遭受自然灾害或者意外事故，经核实经济损失达正常收益60%以上的养殖用海。

（3）减免海域使用金的审批。

减免国务院审批的项目用海应缴的海域使用金，减免县级以上地方人民政府审批的项目用海应缴中央国库的海域使用金，由财政部和国家海洋局审查批准。减免县级以上地方人民政府审批的项目用海应缴地方国库的海域使用金，由省、自治区、直辖市人民政府财政部门和海洋行政主管部门审查批准。减免养殖用海应缴的海域使用金，由审批项目用海的地方人民政府财政部门和同级海洋行政主管部门审查批准。

（4）减免海域使用金的申请。

依法符合免缴或减免情形的项目用海，申请人应当在收到《项目用海批复通知书》之日起 30 日内，按照下列规定提出减免海域使用金的书面申请：

①申请人申请减免国务院审批项目用海应缴的海域使用金，应当分别向财政部和国家海洋局提出书面申请。

②申请人申请减免县级以上地方人民政府审批项目用海应缴的海域使用金，应当分别向项目所在地的省、自治区、直辖市人民政府财政部门和海洋行政主管部门提出书面申请。其中：申请减免应缴中央国库海域使用金的，应当由省、自治区、直辖市人民政府财政部门和海洋行政主管部门审核后，提出书面审核意见分别报财政部和国家海洋局审批。

申请人申请减免海域使用金，应当提交下列相关资料：减免海域使用金的书面申请，包括减免理由、减免金额、减免期限等内容；能够证明项目用海性质的相关证明材料；县级以上人民政府财政部门和海洋行政主管部门认为应当提交的其他相关材料。

依法经批准减免海域使用金的用海项目，发生转让、出租海域使用权或者经批准改变海域用途或者用海性质的，海域使用权受让人或者海域使用权人应当按照本办法规定重新履行海域使用金减免申请和报批手续。

2. 《关于加强海域使用金征收管理的通知》

为贯彻落实《海域使用管理法》，适应海洋经济发展的要求，提高海域资源配置效率，加强海域使用金征收管理，财政部、国家海洋局 2007 年 1 月 30 日联合下发了《关于加强海域使用金征收管理的通知》，主要内容包括：

（1）加强海域使用金征收管理。

单位和个人使用海域，必须依法缴纳海域使用金。用海单位和个人不按规定足额缴纳海域使用金并提供有效缴款凭证的，海洋行政主管部门一律不予核发海域使用权证书。依法申请减免海域使用金，应严格按照财政部、国家海洋局联合颁发的《海域使用金减免管理办法》（财综〔2006〕24 号）的规定执行，规范申请减免及审批程序。

（2）统一海域使用金征收标准。

海域使用金统一按照用海类型、海域等别以及相应的海域使用金征收标准计算征收。其中，对填海造地、非透水构筑物、跨海桥梁和海底隧道等项目用海实行一次性计征海域使用金，对其他项目用海按照使用年限逐年计征海域使用金。使用海域不超过 6 个月的，按照年征收标准的 50%一次性计征海域使用金；超过 6 个月不足 1 年的，按年征收标准一次性计征海域使用金。经营性临时用海按年征收标准的 25%一次性计征海域使用金。对于一次性计征的海域使用金，用海单位和个人一次性缴纳确有困难的，经海洋行政主管部门批准后，可以采取分期缴纳方式，但最后一次缴纳海域使用金的期限不得超过项目用海的施工期限。海域等别、海域使用金征收标准、考虑到各地农业填海造地用海、盐业用海、养殖用海具体情况不同，上述用海海域使用金征收标准暂由沿海各省、自治区、直辖市财政部门和海洋行政主管部门制定，并报财政部、国家海洋局备案后实施。

（3）依法推行海域使用权配置市场化。

为提高海域资源配置效率，除国家重点建设项目用海、国防建设项目用海、传统赶海区、海洋保护区、有争议的海域、涉及公共利益的海域以及法律法规规定的其他用海情形以外，各地在同一海域具有两个以上意向用海单位或个人的，应依法采取招标、拍卖方式出让海域使用权。

以招标、拍卖方式取得海域使用权的项目用海，海域使用金征收金额按照招标、拍卖的成交价款确定。海洋行政主管部门会同同级财政部门制定海域使用权招标、拍卖方案时，招标、拍卖的底价不得低于按照用海类型、海域等别、相应的海域使用金征收标准、海域使用面积以及使用年限计算的海域使用金金额。

（4）建立健全海域有偿使用统计制度。

建立健全海域有偿使用统计报表体系，统一海域使用金收入统计口径，确保海域使用金收入统计数据及时、准确、真实、无误，为加强海域使用金收入管理提供必要的基础数据。

第三节　辽宁海域有偿使用现状与趋势

一、各市、县海域使用金征收标准

根据实际情况，全省各市海域使用金征收标准差异明显。有的按辽宁省相关文件规定执行，有的是根据自身情况制定标准。

1. 葫芦岛市

海域法实施以前，葫芦岛市的海域的管理方式按乡镇行政区管理毗邻海域，即沿海乡（镇）、办事处将海域对外出租承包，收取承包金。这种方式使得海域权属不清，承包年限长短不一、收取承包金标准也不一，用海矛盾加大。2002年海域法实施以后，海域使用管理已经在潜移默化地影响着人们的思想和行为，有偿用海变为人们自觉自愿的行动，在落实海域有偿使用制度中，葫芦岛市认真执行辽宁省制定的海域使用金征收标准，逐年征收海域使用金。

葫芦岛市 2002 年以来依照辽宁省海洋与渔业厅和省财政厅辽海字［2002］68 号文件执行海域使用金征收标准，对于养殖用海的海域使用金征收标准，是将海域按类划分，再按划分的类别，分类确定使用金征收标准，一类定为 80 元/亩·年；二类定为 70 元/亩·年；三类定为 40 元/亩·年，筏式和池塘养殖为 30 元/亩·年。

2. 锦州市

（1）锦州市。

2002 年海域法实施后起征海域使用金，其征收标准为旅游用海 200 元/亩·年，盐业用海 10 元/亩·年，养殖用海 30 元/亩·年，港口用海（填海）200 元/亩·年。由于 2002 年刚开始贯彻施行海域法，在海域使用金征收过程中，遇到不少阻力，存在很大的困难，2002 年内征收到的海域使用金数额很少。

（2）锦州开发区。

1995 年由区农发局开始征收海域使用金，1995 年至 2002 年之间由于征收难度大，养殖用海征收标准制订偏低，基本均为 5 元/亩·年，从 2002 年以后养殖用海的海域使用金提高到 30 元/亩·年，管道用海均为 200 元/亩·年。

（3）凌海市。

《海域法》实施以来，凌海市虽开展了大量的宣传贯彻工作，但由于历史遗留问题，凌海市海域管理工作仍存在不少的问题。《海域法》实施前，凌海市实行承包用海制度，只对用海征收承包费，截止到 2005 年，海域使用金管理工作还未步入正轨。2006 年凌海市海监大队开展养殖执法工作，催缴海域使用金近 40 万，查处违法案件 3 起，处罚金额 6 000 元，虽然处罚额度不是很大，但确实起到了教育作用，用海户已逐步明确了用海先申请、审批，确权后再依法使用海域的制度，依法管理海域的程序逐步走向正轨。

3. 盘锦市

（1）盘山县。

2003—2006 年，盘山县海域使用金征收标准为：增养殖用海、盐业开发 10 元/亩·年；2007 年，养殖用海和增养殖用海均为 30 元/亩·年，盐业开发 20 元/亩·年；2008 年，养殖用海 100 元/亩·年，增养殖用海 30 元/亩·年，盐业开发 10 元/亩·年。

（2）大洼县。

大洼县海域使用金征收标准执行辽宁省标准。

4. 营口市

（1）老边区。

从 2002 年后开始征收海域使用金，由于从以前的承包用海缴纳承包费变为征收海域使用金的这个过程的转变，在征收海域使用金的过程中执行难度比较大，2002 年征收到的海域使用金很少。其征收标准为滩涂、浅海为 10 元/亩·年，围海养殖为 30 元/亩·年，由于在执行的过程中难度比较大，滩涂与浅海养殖实际征收还没有达到上述标准。

（2）盖州市。

从 1999 年开始征收海域使用金，1999 年到 2000 年的征收标准为滩涂养殖每亩 10 元，浅海养殖为每亩 5 元。2001 年执行营口市标准，其标准为团山以北海域为 30 元/亩·年，团山以南海域为 40 元/亩·年。

（3）鲅鱼圈区。

从 2004 年开始征收海域使用金，鲅鱼圈海洋渔业局成立于 2002 年 9 月份，2005 年成立海监大队。海域使用金征收标准为熊岳 40 元/亩·年，鲅鱼圈为 35 元/亩·年。

5. 大连市

（1）庄河。

2001 年，庄河海域使用金征收标准是依据《庄河市征收海域使用金暂行办法》执行的，2004 年 7 月改为执行辽宁省海域使用金征收标准，2007 年进行调整，按照下列标准征收海域使用金：养殖用海：港养圈、围堰 100 元/亩·年，浮筏 80 元/亩·年，底播 60 元/亩·年，滩涂 60 元/亩·年；建设填海征地用海一次性征收 3 万元/亩；废弃物处置填海占地用海一次性征收 4 万元/亩；非透水构筑物用海一次性征收 3 万元/亩；跨海桥梁用海一次性征收 0.75 万元/亩；透水构筑物用海 800 元/亩·年；港池、蓄水等用海 140 元/亩·年；浴场用海 100 元/亩·年；游乐场用海 340 元/亩·年；专用航道、锚地用海 40 元/亩·年；海底电缆管道用海 300 元/亩·年；取、排水口用海 300 元/亩·年；污水达到标准排放用海 600 元/亩·年。

2008 年海域使用金征收标准调整为：港养圈（含围堰）由 100 元/亩·年调整为 200 元/亩·年；浅海底播由 60 元/亩·年调整为 80 元/亩·年，其他项目仍按照 2007 年征收标准。

（2）普兰店。

普兰店市从 2000 年开始征收海域使用金，征收单位为科委海洋办，2002 年管理机构的合并，科委海洋办与水产局合并为普兰店市海洋与渔业局，海域使用金的征收单位海洋与渔业局的海洋科。普兰店海洋开发较早，《海域法》实施之前，乡、镇、村发包海域遗留下来的问题，虽经多年努力解决，仍然不够彻底。普兰店海洋与渔业局通过逐步提高用海人的法律意识，使得用海户在确权办证、交纳海域使用金等方面发生了积极的变化。需要挨家挨户催缴海域使用金的局面已改变，2007 年，主动上交的用海户达到了 70%，绝大多数用海户都能主动到海洋行政主管部门来办证。近年来，普兰店市海域使用金的征收标准为：黄海海域 50 元/亩·年，渤海海域 30 元/亩·年；盐业用海 10 元/亩·年。

（3）金州。

金州区 1999 年成立海洋办，2001 年开始征收海域使用金，2001 年和 2002 年执行大连市规定的标准，黄渤海均为 30 元/亩·年，刚开始征收海域使用金阶段，执行难度较大，因此在征收的过程中有所减免，实际征收一般都为 20 元/亩·年，对 90% 的用海户征收了海域使用金；2003—2005 年执行的标准为 50 元/亩·年；2006 年调整为滩涂 70 元/亩·年，鱼池、围堰、底播养殖用海 80 元/亩·年，浮筏 50 元/亩·年，盐业用海 10 元/亩·年，旅游用海 200 元/亩·年，港口、码头、修船厂用海为 200 元/亩·年，海砂等固体矿产资源开采 10 000 元/亩·年，其他项目用海执行上级规定标准。

2007 年海域使用金征收标准调整为：

a. 填海造地用海：建设填海造地用海一次性征收 50 000 元/亩；农业填海造地用海一次性征收 35 000 元/亩；废弃物处置填海造地用海一次性征收 60 000 元/亩；

b. 构筑物用海：非透水构筑物用海一次性征收每亩 40 000 元/亩；跨海桥梁、海底隧道等用海一次性征收每亩 7 500 元/亩；透水构筑物用海 1 100 元/亩·年；

c. 围海用海：港池、蓄水等工程用海 200 元/亩·年；盐业用海 10 元/亩·年；围海养殖用海（鱼池、围堰等）100 元/亩·年；

（4）甘井子。

甘井子区自 2000 年开始征收海域使用金，标准为：滩涂 30 元/亩·年，浮筏 10 元/亩·年，围海 30 元/亩·年；临港工业 30～100 元/亩·年，浮筏

200 元/亩·年，底播 100 元/亩·年，上下一体 250 元/亩·年。2006 年起执行辽宁省海域使用金征收标准。

（5）旅顺口。

旅顺口区于 1995 年 10 月成立旅顺口区海洋管理办公室，1997 年正式开展海域管理工作。海域使用金征收由财政局委托区海洋办执行，所收取的海域使用金直接上交到区财政专户。2002 年 1 月成立海域管理科，海域使用金征收交由海域管理科承办，由于海域管理科与区海洋办合署办公，海域使用金征收收据一直沿用海洋办收费专用章，海域使用金由区海洋办人员收取后，均按照规定上交财政专户。2004 年 12 月区海洋办解散后，海域使用金的征收，由海域科承担，海域使用金收据加盖区海洋与渔业局收费专用章。

2004 年前旅顺口区海域金的征收，沿用旅政发〔1998〕18 号文件规定的标准。2005 年开始，海域使用金由区海洋与渔业局海洋科征收，采取的是 7 月下发通知，8 月~10 月开始采用集中收缴方式。海域使用金征收标准按《旅顺口区人民政府关于调整海域使用金征收标准的通知》（旅政发〔2005〕80 号）。

（6）瓦房店。

2007 年海域使用金征收标准如下：

a. 凡从事海面养殖、海底增养殖和滩涂养殖用海的，按 70 元/亩·年标准计征。

b. 农业（种植业、养殖业）用海的，按 70 元/亩·年标准计征。

c. 储灰、排渣、排放垃圾等工业用海的，按 2000 元/亩·年标准计征。

d. 填海造地用海的，比照当地土地出让金价格的 70%~85% 一次性征收计征；环境整治用海的，比照当地土地出让金价格的 55% 一次性征收计征。低于 1 万元/亩·年的，按 1 万元/亩·年计征。

e. 建设港口、码头等海岸工程用海的，按不低于 500 元/亩·年标准计征。

f. 建设浴场、游乐场、水下观光等经营性旅游项目用海的，按不低于 200 元/亩·年标准计征。

g. 盐业用海的，按不低于 10 元/亩·年标准计征。

h. 铺设海底电缆管道用海的，按不低于 2 000 元/亩·年标准计征（使用面积按实际长度 X 保护宽度计算）。

i. 开采石油、天然气用海的，按不低于 2 000 元/亩·年标准计征。

j. 修、造船用海的，按每亩每年不低于 200 元标准计征；拆船用海的，按不低于 300 元/亩·年标准计征。

　　k. 开采海砂等固体矿产资源用海的，按不低于 500 元/亩·年标准计征。

　　l. 其他经营性用海的，按不低于 500 元/亩·年标准计征。

　　（7）长海县。

2005 年，长海县海域使用金征收标准如表 3-2 所示。

根据辽宁省财政厅辽宁省海洋与渔业厅《关于减免长海县海域使用金省级分成收入的通知》，从 2004 年至 2006 年，长海县征收的海域使用金应缴市级分成收入实行全额减免。

表 3-2　长海县海域使用金征收标准

用海类型	海域使用金征收标准（元/亩·年）
海面浮筏养殖用海	80
底播养殖用海	50
围堰养殖用海	80
网箱养殖用海	100
滩涂用海	50
港口、码头等海岸工程用海	200
浴场、游乐场等经营性旅游用海	200
修造船用海	200
备注	3‰的滞纳金

4. 丹东市

　　丹东东港市自 2003 年开始征收海域使用金，渔业村与非渔业村的海域使用金征收标准有所不同。渔业村世代以渔业为生无耕地，因此，海域使用金征收标准较低。东港市有八个专业渔业村：小岛子村、海洋红村、大鹿岛村、海鹰村、獐岛村、锦江渔业、安康街道和海龙村。2003 年，浅海养殖 0.5 元/亩·年，滩涂养殖 1 元/亩·年；2005 年浅海养殖 3 元/亩·年，滩涂养殖 5 元/亩·年；2006 年统一为 5 元/亩·年；2008 年，渔业村海域使用金由原 5 元/亩·年调整为 10 元/亩·年。

　　非渔业村的增收标准高于渔业村，但仍低于辽宁省 30 元/亩·年的最低标准。2003 年，浅海养殖海域使用金标准为 10 元/亩·年，滩涂养殖海域使用金标准为 15 元/亩·年；到 2005 年，浅海养殖上升到 12 元/亩·年，滩涂养殖上升为 17 元/亩·年；2006 年浅海养殖和滩涂养殖统一为 17 元/亩·年；2008 年，养殖用海海域使用金由原 17 元/亩·年调整为 30 元/亩·年（表 3-3）。

表 3-3　东港市海域使用金征收标准

时间（年）	渔业村（元/亩·年）		非渔业村（元/亩·年）	
	浅海	滩涂	浅海	滩涂
2003	0.5	1	10	15
2004	0.5	1	10	15
2005	3	5	12	17
2006	5		17	
2007	5		17	
2008	10		30	

二、辽宁省海域使用金的征收

根据 2002 年至 2012 年辽宁省海域使用金的征收情况（表 3-4），2002 年全省海域使用金征收金额最少，为 3411.8 万元，占全国的 28.5%；2011 年全省海域使用金征收金额最多，为 181210.0 万元，占全国的 18.8%。

表 3-4　辽宁省 2002—2012 年海域使用金征收情况

年份	辽宁省海域使用金征收金额（万元）	全国海域使用金征收金额（万元）	占全国的份额（%）
2002	3 411.8	11 981.8	28.5
2004	6 178.1	43 266.4	14.3
2005	19 558.7	105 214.0	18.6
2006	22 629.2	157 474.5	14.4
2007	38 707.8	295 867.9	13.1
2008	61 673.9	589 018.1	10.5
2009	101 334.6	786 251.5	12.9

续表

年份	辽宁省海域使用金征收金额（万元）	全国海域使用金征收金额（万元）	占全国的份额（%）
2010	166 901.7	907 374.3	18.4
2011	181 210.0	964 493.5	18.8
2012	115 468.1	968 468.5	11.9

表格数据来源：历年《海域使用管理公报》

三、辽宁海域使用金征收额变化趋势

2007 年，国家海洋局颁布了海域使用金的征收标准。从图 3-1、图 3-2 可以看出，从 2007 年海域使用金标准制定以来，辽宁省海域使用金的征收呈现较大增长，至 2011 年达到最大值。2002 年全省海域使用金征收金额最少，为 3 411.8 万元，但是占全国的份额却很高，达 28.5%；2011 年全省海域使用金征收金额最多，为 181 210.0 万元，占全国的 18.8%。

可以看出，自海域使用金标准制定以来，辽宁省的海域使用金征收金额和占全国的份额逐渐稳定。

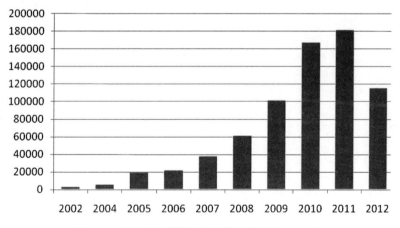

图 3-1　辽宁省海域使用金历年征收情况（万元）

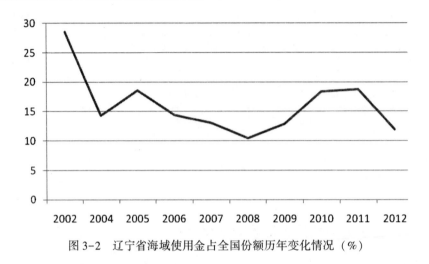

图 3-2　辽宁省海域使用金占全国份额历年变化情况（%）

四、辽宁海域有偿使用在全国地位

1. 辽宁海域使用金在全国的排序

2012 年辽宁省海域使用金征收额为 115 468.1 万元，占全国总海域征收额的 11.92，在各沿海省、自治区、直辖市中排名第五（见表 3-5）。

表 3-5　2012 年各省海域使用金征收情况及占全国总额比例

排名	省份	海域使用金征收额（万元）	占全国总额比例（%）
1	天津	159 243.7	16.44
2	广东	147 584	15.24
3	浙江	141 811.5	14.64
4	河北	125 450.4	12.95
5	辽宁	115 468.1	11.92
6	江苏	77 738.1	8.03
7	山东	72 602.96	7.50
8	福建	65 807.76	6.80
9	广西	42 548.56	4.39
10	海南	9 050.13	0.93
11	上海	1 611.82	0.17
	全国	968 468.5	

2. 单位岸线长度海域使用金在全国排序

根据 2012 年各沿海省、自治区、直辖市海域使用金征收总数，以及各省、自治区、直辖市海岸线长度我们可以计算得出各区域单位海岸线长度海域使用金。由表 3-6 可以看出辽宁省 2012 年单位海岸线长度海域使用金在全国排名为第四位（其中河北、天津共同计算海岸线长度取平均值），这与辽宁省在全国总海域征收额排名相持平。

表 3-6　2012 年各省单位岸线长度海域使用金

排名	省份	海域使用金总数（万元）	岸线长度（km）	单位岸线长度海域使用金（万元/公顷）
1	河北+天津	284 694.11	638	446.23
2	江苏	77 738.1	891	87.25
3	浙江	141 811.5	2 312	61.34
4	辽宁	115 468.1	2 109	54.75
5	广东	147 584	4 032	36.60
6	广西	42 548.56	1 630	26.10
7	山东	72 602.96	3 342	21.72
8	福建	65 807.76	3 485	18.88
9	上海	1 611.82	270	5.97
10	海南	9 050.13	1 848	4.90

3. 单位海域面积海域使用金在全国排序

根据 2012 年各沿海省、自治区、直辖市海域使用金征收总数，以及各省、自治区、直辖市审批海域面积我们可以计算得出各区域单位海域面积海域使用金。由表 3-7 可以看出辽宁省 2012 年单位海域面积海域使用金在全国排名为第 11 位，即全国最低。

表 3-7　2012 年各省单位海域面积海域使用金排名

排序	省份	海域使用金总数 （万元）	审批海域面积 （公顷）	单位海域面积海域使用金 （万元/公顷）
1	天津	159 243.72	1 084.81	146.79
2	浙江	141 811.48	3 480.01	40.75
3	河北	125 450.39	3 435.34	36.52
4	上海	1 611.82	54.19	29.74
5	广东	147 584	7 906.69	18.67
6	福建	65 807.76	4 185.74	15.72
7	广西	42 548.56	3 070.99	13.85
8	海南	9 050.13	2 093.84	4.32
9	江苏	77 738.1	44 166.42	1.76
10	山东	72 602.96	66 400.06	1.09
11	辽宁	115 468.09	135 811.76	0.85

4. 抵押贷款在全国的排序

2012 年，全国办理海域使用权抵押的证书为 426 本，抵押海域面积 30 184.63公顷，金融机构发放抵押贷款 1 310 917.81 万元。辽宁省抵押海域面积有 11 623.85 公顷，在全国各沿海省、自治区、直辖市中排名第一（表 3-8）。

表 3-8　2012 年全国各省海域抵押面积排名

排名	省份	转让/抵押（公顷）
1	辽宁	11 623.85
2	山东	11 103.16
3	福建	2 930.51
4	江苏	1 698.04
5	浙江	1 048.90
6	河北	875.34

排名	省份	转让/抵押（公顷）
7	广西	571.15
8	上海	271.99
9	广东	55.06
10	海南	6.63
11	天津	
	全国	30 184.63

第四节　辽宁省海域使用权抵押

2012 年辽宁省抵押面积 11 623.85 公顷（表 3-9），登记证书 115 本，抵押金额 167 347 万元，其中渔业用海抵押金额 164 295 万元，占总数的 98.2%，工业用海抵押金额 2 000 万元，占 1.2%，交通运输抵押金额 1 053 万元，占 0.6%。

一、丹东市

海域使用权抵押业务从 2005 年开始，抵押宗海数量和抵押金额呈逐年上升趋势。初步统计，2005 年至 2013 年，抵押《海域使用权证书》约 200 本（包括重复抵押，下同），抵押达 7 万公顷，抵押海域评估金额约 90 亿元，贷款金额 33 亿元，贷款额占评估额的 35% 左右（见表 3-10）。

表 3-9　2012 年辽宁省海域使用权抵押情况

用海类型		证书	面积 （公顷）	评估金额 （万元）	抵押金额 （万元）
渔业用海	渔业基础设施用海				
	围海养殖用海	45	2 248.66	84 740.47	36 920.6
	开放式养殖用海	68	9 361.63	228 841.3	127 373.44
	人工鱼礁用海				
工业用海	盐业用海				
	固体矿产开采用海				
	油气开采用海				
	船舶工业用海	1	5.36	3 509.8	2 000
	电力工业用海				
	海水综合利用用海				
	其他工业用海				
交通运输 用海旅游 娱乐用海	港口用海	1	8.2	2106.38	1053.19
	航道用海				
	锚地用海				
	路桥用海				
	旅游基础设施用海				
	浴场用海				
	游乐场用海				
海底工程 用海	电缆管道用海				
	海底隧道用海				
	海底场馆用海				
排污倾倒 用海	污水达标排放用海				
	倾倒区用海				

续表

用海类型		证书	面积（公顷）	评估金额（万元）	抵押金额（万元）
造地工程用海	城镇建设填海造地用海				
	农业填海造地用海				
	废弃物处置填海造地用海				
特殊用海	科研教学用海				
	军事用海				
	海洋保护区用海				
	海岸防护工程用海				
其他用海					
合计		115	11 623.85	319 197.95	167 347.23

表 3-10 丹东海域使用金抵押贷款情况表

年份	抵押登记面积（公顷）	抵押登记宗数（宗）	贷款登记金额（万元）
2002.			
……			
2008	6 029.41	19	3 645
2009	5 821.05	17	4 350
2010	9 365.59	24	38 258
2011	14 905.99	41	64 565
2012	16 102.84	42	114 938
2013	10 283.68	30	100 873

二、大连市

据各县区初步统计，目前累计抵押登记面积约 19.9 万公顷，抵押宗数约 3 900 宗，实现累计贷款登记额 257 亿元。

三、盘锦市

截止到 2013 年度 6 月底，共计确定海域使用权 288 宗，面积 19 117.042 公顷；其中：填海造地建设性用海 67 宗、1 482.042 公顷；渔业养殖用海 248 宗，面积 17 635 公顷。经了解，这一部分海域使用权没有开展过资金流转和信贷抵押。

四、葫芦岛市

目前还没有出台抵押贷款、登记改革、制度与办法，参照天津市海域使用权抵押登记办法和实施意见开展工作。

（1）2012 年。

① 市本级登记一户，金额 500 万。

② 市审核到省厅登记三户，金额 31 300 万。

（2）2013 年。

① 市本级登记七户，金额 5 345 万。

② 市审核到省厅登记三户，金额 33 300 万。

五、锦州市

自 2002 年以来，全市共办理了 73 宗海域使用权抵押登记，抵押金额达到了 7.67 余亿元。具体海域使用金抵押贷款情况如表 3-11。

表 3-11　锦州海域使用金抵押贷款情况表

	抵押登记面积（公顷）	抵押登记宗数（宗）	贷款登记金额（万元）
2010 年	80.12	2	3 273.02
2011 年	1 021.79	10	12 513
2012 年	3 494.59	17	10 009
2013 年	4 890.30	44	50 910

第五节　全国及辽宁海域使用权招拍挂现状

2012 年沿海省、自治区、直辖市中只有江苏、浙江、福建三省实行了海域招标。海域招标使用共计 10 011.31 公顷，海域招标使用金达 6 145.27 万元（表 3-12，图 3-3）。

表 3-12 2012 年各省海域招拍挂情况统计（万元）

省份	招标			拍卖			抵押
	证书（本）	面积（公顷）	使用金（万元）	证书（本）	面积（公顷）	使用金（万元）	面积（公顷）
河北							875.34
天津							
江苏	40	9441.36	475.78	2	968.25	160.93	1698.04
浙江	3	170.38	3324	2	21.81	1152.02	1048.9
辽宁							11623.85
广东				1	56.64	2880	55.06
广西				8	249.12	33.36	571.15
山东							11103.16
福建	7	399.57	2345.49	6	385.59	82.8	2930.51
上海							271.99
海南				1	2.93	558.83	6.63
全国	50	10011.31	6145.27	20	1684.34	4867.94	30184.63

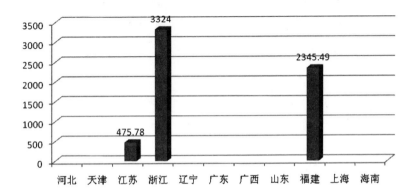

图 3-3 2012 年各省海域使用权招标状况图（万元）

　　江苏、浙江、广东、广西、福建、海南实行海域拍卖。海域拍卖使用面积有 1 684.34 公顷，海域拍卖收取使用金共计 4 867.94（图 3-4）。

　　辽宁省仅有抵押转让一种方式，抵押转让海域面积有 11 623.85 公顷，在全国各沿海省、自治区、直辖市中排名第一（图 3-5）。

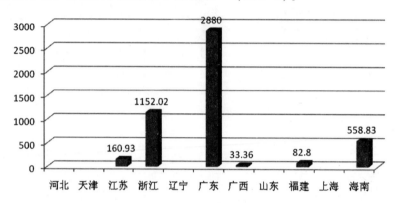

图 3-4　2012 年各省海域使用权拍卖状况图（万元）

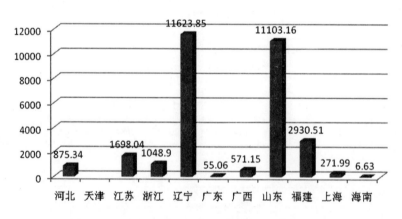

图 3-5　2012 年各省海域使用权抵押状况图（万元）

第四章 辽宁海域定级

第一节 填海造地海域定级指标体系及级别划分

一、指标量化

填海造地定级指标体系权重在试点过程中进行了一定调整，如表4-1所示。

表4-1 填海造地优化后的评价指标体系

定级因素	权重	评价因子	权重	序列	影响程度
海域自然条件	32	海岸质量指数	6	A13	正相关
		海水质量指数	4	A14	正相关
		离岸距离指数	10	A11	正相关
		水深指数	8	A12	正相关
		灾害性天气指数	4	A15	正相关
区位条件	28	海域等级指数	10	A21	正相关
		城区距离指数	10	A22	正相关
		海滨浴场距离指数	4	A23	正相关
		与海洋保护区距离指数	4	A24	正相关
海域资源稀缺条件	15	岸线稀缺指数	15	A31	正相关
毗邻土地条件	15	毗邻相同用地类型土地价格	15	A41	正相关
交通条件	10	交通条件发达指数	10	A51	正相关

1. 海岸质量指数

反映用于填海海域的毗邻海岸质量优劣程度。从保护海岸资源环境出发（表4-2），按照砂质海岸最好（赋值90），生物海岸好（赋值70），人工岸线较好（赋值50），淤泥质海岸较差（赋值30），基岩海岸差（赋值10）的原则，对评价单元海岸质量进行计算得到。对于评价单元由二种及以上海岸类型组成的海域，根据公式：

$$E = \sum Pi \times li/L$$

计算获得，其中：E 为海岸质量指数，Pi 为 i 段海岸质量指数分值，li 为 i 段海岸长度，L 为评价单元海岸总长度。

以县为单元，计算区域内各类型海岸的得分值（表4-3）。图4-1显示了未经过任何处理的各不同行政单元的海岸质量指数等级，无法体现岸线指标对海域影响的差异化，不符合实际情况。因此，在数据处理过程中，为规避因各行政单元管辖海域面积不同而对该海域的海岸质量指数影响均一化，需对数据进行了合理衰减等级。具体方法如下：

以水深5 m和10 m等深线，以及距离岸线2 km和10 km进行海域划分，由陆向海划分为3个不同区域：若离岸<2 km时，水深已>5 m，则第一等级界线以5 m等深线为界；若离岸2 km时，水深仍<5 m，则第一等级界线以距岸2 km线为界；若离岸<10km时，水深已>10 m，则第二等级界线以10 m等深线为界；若离岸10 km时，水深仍<10 m，则第二等级界线以10 km等距线为界。

据此粗略划分规则，相应的海岸质量影响衰减进行如下定义：

第一等级，海岸质量指数等于图4-1中计算数据结果；

第二等级，海岸质量指数为图4-1中计算结果的20%；

第三等级，海岸质量指数为0，即海岸质量对该海域的填海造地评价不产生影响，或影响微小可以忽略不计。

优化后的海岸质量指数与标准化的海岸质量指数见图4-2，图4-3。

表4-2　不同岸段质量指数赋值

海岸类型	砂质海岸	生物海岸	人工岸线	淤泥质海岸	基岩海岸
海岸质量指数	90	70	50	30	10

表 4-3　省内各区域海岸质量指数统计表

地市	县市	岸线长度（km）	砂质（km）	河口岸线（km）	人工岸线（km）	泥质（km）	基岩（km）	得分
丹东	东港市	125.96		3.16	118.24	4.56		49.78
大连	庄河市	290.15		1.03	222.52	66.6		45.48
大连	普兰店（黄海）	69.54	0	0.3	69.24	0	0	50.09
大连	普兰店（渤海）	17.21	0		17.21	0	0	50.00
大连	金州区（黄海）	198.83	12.35		122.64	5.32	58.52	40.18
大连	金州区（渤海）	110.58	8.67		96.11		5.8	51.04
大连	甘井子区	136.31	15.97	1.99	81.72		36.63	44.23
大连	中山区	32.08	1.59		14.87		15.62	32.51
大连	西岗区	18.47	0.91		15.81		1.75	48.18
大连	沙河口区	8.16	3.25	0.44	3.53		0.94	62.40
大连	旅顺口区	157.08	8.87		63.83		84.38	30.77
大连	瓦房店市	331.13	63.2	0.74	266.64	0.55		57.65
营口	盖州市	45.16	17.59	1.18	23.94	2.45		65.02
营口	鲅鱼圈区	38.41	5.05		33.36			55.26
营口	老边区	40.87		0.55	37.57	2.75		48.92
盘锦	大洼县	64.42		11.53	52.89			53.58
盘锦	盘山县	46.11		17.43	28.68			57.56
锦州	凌海市	119.4	9.53	4.33	105.54			53.92
葫芦岛	连山区	6.84			6.84			50.00
葫芦岛	龙港区	57.05	15.8		32.72		8.53	55.10
葫芦岛	兴城市	91.5	37.42	3.63	50.45			67.15
葫芦岛	绥中县	104.58	39.41	8.25	56.92			66.65

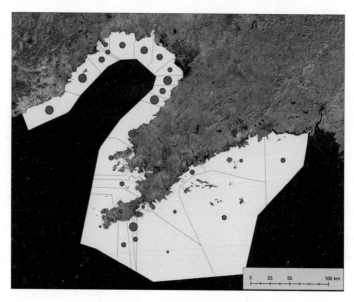

图 4-1　海岸质量指数初始分布图

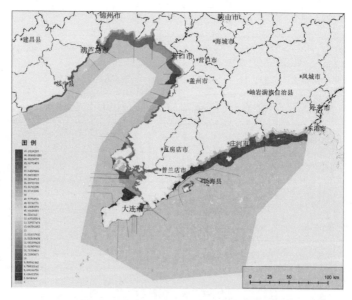

图 4-2　优化后的海岸质量指数分布图

2. 海水质量指数

反映评价海域海水质量程度的指数。根据 908 资料或者实际资料获得，也可根据全国海洋环境质量图计算求得。各类水质的质量标准值如表 4-4。

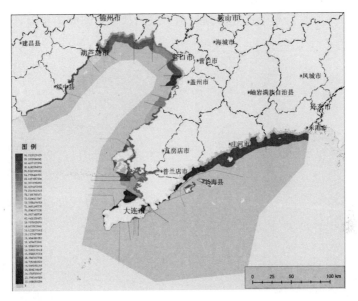

图 4-3　标准化后的海岸质量指数分布

表 4-4　海水质量标准值

水质类型	一类	二类	三类	四类	劣于四类
质量指数	100	80	60	40	20

计算过程如下：确定每个基本单元内每类水质的面积，求出每类的面积与相应的指数值之积，然后求和，并与该基本单元的总面积相除，该值即代表海域基本单元内的海水质量指数。

计算公式：$Ms = \sum (Bs \times S) / \sum S$

Ms：海水质量指数

Bs：海水质量标准值

S：某类水质的分布面积

收集国家海洋局公开发布的 2012 年中国海洋环境状况公报，对其中我国近海海水质量分布图（图 4-4）进行数据矢量化：将报告中栅格数据进行高分辨率采集，利用 ArcGIS 中 Georeferencing 工具进行栅格数据配准，并统一转换到 UTM 坐标系统的 51 度带中，开展全面数据矢量化，提取辽宁省沿海所有的水质质量图斑，建立相应的字段并赋海水质量等级值，形成辽宁省沿海海水质量分布图（图 4-5）。

根据海水质量分布图计算得到海水质量指数分布图如图4-6所示。

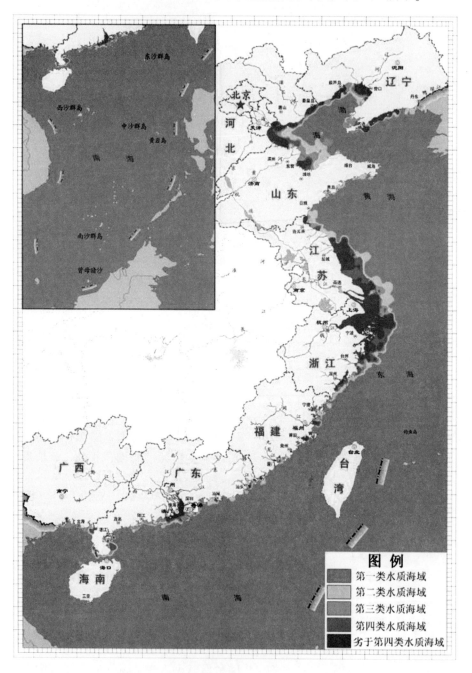

图4-4　我国沿海海水质量分布图（2012年）

图 4-5　辽宁省沿海海水质量分布图（2012 年）

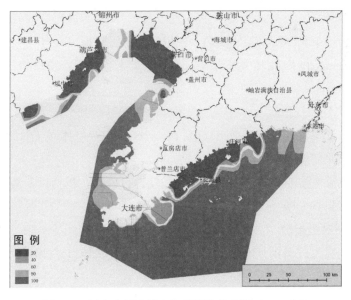

图 4-6　辽宁省沿海海水质量指数分布图（2012 年）

3. 离岸距离指数

反映评价单元中心与海岸的垂直距离的倒数。利用修测的大陆海岸线和传统海岛岸线，定义海陆分界线，调用 ArcGIS 中 Near 工具，计算结果如图 4-7。

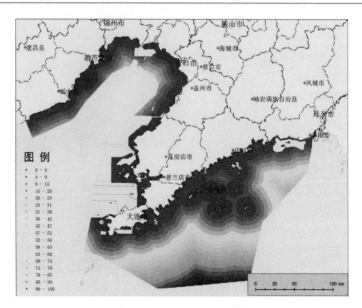

图 4-7　辽宁省沿海各评价单元离岸距离指数分布图

4. 水深指数

反映评价单元中心水深的倒数。根据实测水深数据（图 4-8），统计结果显示评价海域范围内最大水深为 54m。根据实测水深图获得最终的水深指数见图 4-9。

5. 灾害性天气指数

评价海域灾害性天数倒数，以县（市、区）作为基本单元计算，同一单元的海域，采用统一的数值。

灾害性天气按照相对发生的频率和程度进行确定，包括风暴潮、寒潮等，灾害性天气指数见图 4-10。

6. 海域等级指数

反映所属海域等别质量。根据综合分等成果赋值（表 4-5，图 4-11）确定。

表 4-5　不同海域等别的等级指数赋值

海域等别	一等	二等	三等	四等	五等	六等
海域等级指数	85	70	55	40	25	10

海域等别划分是以行政界线予以划分，未体现海域等别内部区域差异。

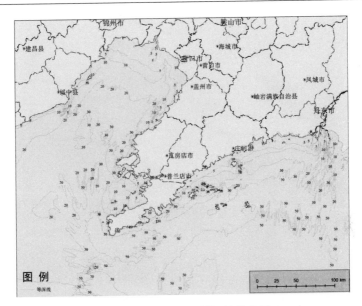

图4-8　辽宁省沿海等深线分布图

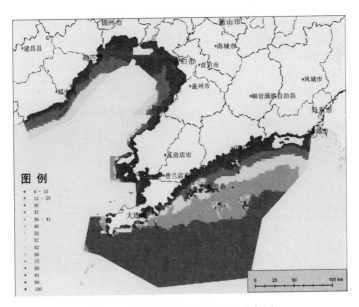

图4-9　辽宁省沿海水深指数分布图

单就填海造地而言，近岸段应是质量高于远岸海域。因此，参照海岸质量指标进行海域等别衰减划分。

以水深5 m和10 m等深线，以及距离岸线2 km和10 km进行海域划分，

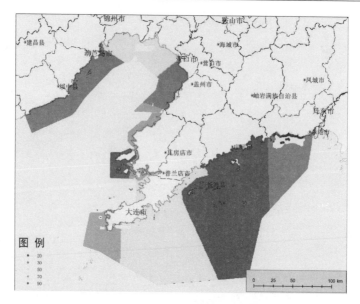

图 4-10　辽宁省沿海灾害性天气指数分布图

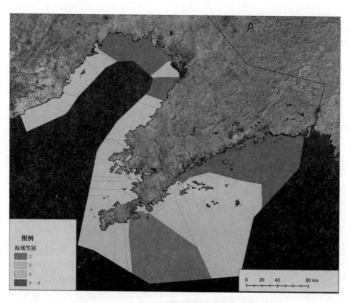

图 4-11　辽宁省沿海海域等别分布图

由陆向海划分为 3 个不同区域：若离岸<2 km 时，水深已>5 m，则第一等级
界线以 5 m 等深线为界；若离岸 2 km 时，水深仍<5 m，则第一等级界线以距
岸 2 km 线为界；若离岸<10 km 时，水深已>10 m，则第二等级界线以 10 m

等深线为界；若离岸 10 km 时，水深仍<10 m，则第二等级界线以 10 km 等距
线为界。

据此粗略划分规则，相应的海岸质量影响衰减进行如下定义：

第一等级，海域等级指数等于图 4-11 中计算数据结果；

第二等级，海域等级指数为图 4-11 中计算结果的 70%；

第三等级，海域等级指数增加一个等别。

处理后的成果见图 4-12。如此划分，体现了海域管理对围填海的基本政
策，即推荐以离岸式、人工岛式、增加岸线的填海造地利用方式。同时，国
家鼓励围填海远离大陆岸线。

最终的海域等级指数见图 4-13。

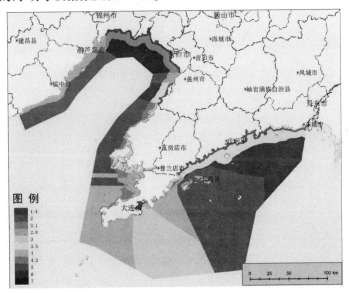

图 4-12　衰减处理后的海域等别分布图

7. 城区距离指数

反映由于评价海域与城区距离远近不同所带来的填海成本及交通便利程
度不同，资源环境保护程度不同，从而导致海域级别及价值上的差异，不同
级别城市及距离指数值见表 4-6。

首先，确定评价单元距离最近的城市，再根据距离进行赋值。

此次评价中，考虑的城市包括辽宁沿海所有地级市全部的县区市，同时
将河北部分城市纳入考虑（图 4-14）。

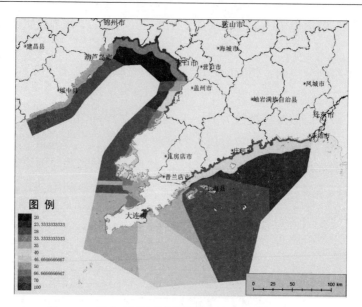

图4-13　辽宁省沿海海域等级指数分布图（标准化）

表4-6　城区距离指数赋值

城区距离（km）	城区	2	2-5	5-10	10-20	>20
省会及单列市	100	75	60	45	30	20
地级市	80	65	50	35	25	15
县级市	60	50	40	30	20	10

8. 海滨浴场距离指数

由于评价海域与海滨浴场距离远近不同，资源环境保护程度不同，从而导致海域级别及价值上的差异，海滨浴场距离指数值见表4-7。

利用辽宁省海岸带调查数据，结合海岛调查数据，绘制海水浴场分布，进而利用 Near 工具进行距离判断并赋值成果见图4-15。

表4-7　海滨浴场距离指数赋值

海滨浴场距离（km）	0-0.5	0.5-2	2-5	>5
海滨浴场距离指数	90	60	30	0

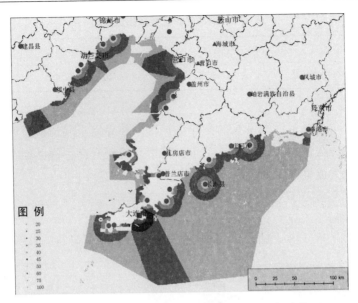

图 4-14　辽宁省沿海城区距离指数分布图（标准化）

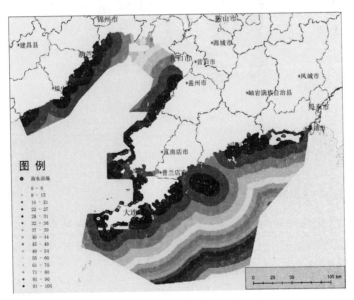

图 4-15　辽宁省沿海浴场分布与距离指数分布图（标准化）

9. 与海洋保护区距离指数

由于评价海域与海洋保护区距离远近不同，资源环境保护程度不同，从而导致海域级别及价值上的差异，海洋保护区距离指数值见表 4-8。

表4-8　海洋保护区距离指数赋值

与海洋保护区距离（km）	0-2	2-5	>5
海洋保护区距离指数	80	40	0

本次评价选择了沿海所有的海洋保护区，并界定了其边界，便于后续计算。评价单元与保护区之间距离越小，其指数反而升高，这已经在赋值的时候予以考虑。成果见图4-16。

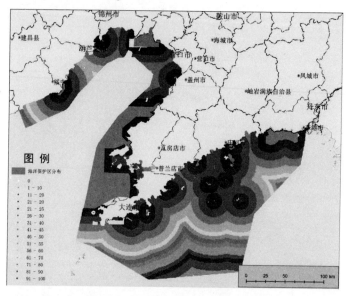

图4-16　辽宁省沿海保护区分布与距离指数分布图（标准化）

10. 岸线稀缺指数

单位长度岸线分布的人口数，以县（市、区）作为基本单元，单位：万人/米。岸线稀缺类似于之前的评价指标处理方法，即将其对海域影响按照一定衰减方式进行处理。本次评价，遵循以下处理方法：

以水深5 m和10 m等深线，以及距离岸线2 km和10 km进行海域划分，由陆向海划分为3个不同区域：若离岸<2 km时，水深已>5 m，则第一等级界线以5 m等深线为界；若离岸2k m时，水深仍<5 m，则第一等级界线以距岸2 km线为界；若离岸<10 km时，水深已>10 m，则第二等级界线以10 m等深线为界；若离岸10 km时，水深仍<10 m，则第二等级界线以10 km等距线为界。

据此粗略划分规则，相应的岸线稀缺影响衰减进行如下定义：

第一等级，岸线稀缺指数等于图 4-17 中计算数据结果；

第二等级，岸线稀缺指数为图 4-17 中计算结果的 30%；

第三等级，岸线稀缺指数为 0，即岸线稀缺程度对该海域的填海造地评价不产生影响，或影响微小可以忽略不计。

辽宁沿海各地人口见表 4-9。处理前和处理后的成果见图 4-17 和图 4-18。

表 4-9 辽宁沿海各地区人口

地级市	县市区	人口（万人）
丹东	东港	64.8386
大连	中山区	35.6625
	西岗区	30.2387
	沙河口区	65.7147
	甘井子	76.2674
	旅顺口区	21.6212
	金州新区	74.7559
	长海县	7.319
	瓦房店	102.4876
	普兰店	81.7837
	庄河	90.5852
营口	市区	54.3393
	鲅鱼圈区	10.3525
	盖州市	87.6936
葫芦岛	市区	62
	绥中	63.6514
	兴城	55.1009
盘锦	盘山县	29.4646
	大洼县	39.3318
锦州	锦州经济技术开发区	13
	凌海市	53.7

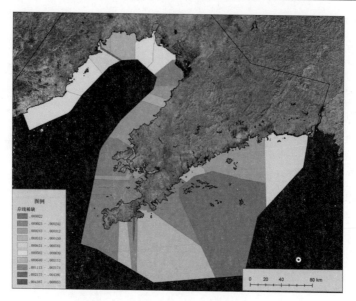

图 4-17　辽宁省沿海岸线稀缺指数分布图

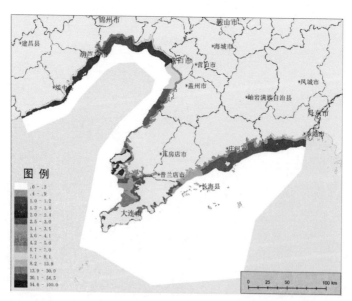

图 4-18　辽宁省沿海岸线稀缺指数分布图（标准化）

11. 毗邻相同用地类型土地价格

指与填海造地后用途相同的毗邻土地的价格，单位：元/平方米，无毗邻岸线或者土地的基本单元，按照垂直岸线方向的毗邻土地的价格计算。

根据土地定级与基准价评估获得的大连沿海毗邻地价分布见图4-19。沿海其他市各岸段毗邻地价见表4-10和图4-20。

表4-10 沿海各段临海地价统计表

商住用地		工业用地	
编号	价格（元/平方米）	编号	价格（元/平方米）
1-2	1600	1-2	290
2-3	1100	2-3	200
3-4	800	4-5	168
4-5	600	5-6	288
5-6	450	6-7	200
7-8	900	7-8	180
8-9	1500	8-9	270
9-10	900	9-10	250
10-11	1800	10-11	200
11-12	900	11-12	330
12-13	600	12-13	240
13-14	800	13-14	300
14-15	1000	14-15	200
15-16	1800		
16-17	800		
17-18	500		
18-19	1500		
19-20	800		
20-21	1500		

毗邻土地价格对评价单元的影响，也应存在逐渐衰减的过程，参考之前类似评价指标处理方法：以水深5 m和10 m等深线，以及距离岸线2 km和10 km进行海域划分，由陆向海划分为3个不同区域：若离岸<2 km时，水深

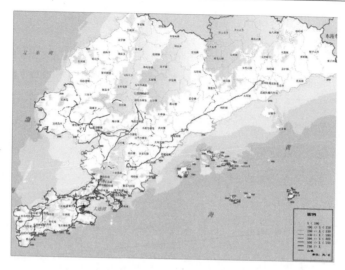

图4-19 大连市沿海工业用地单位地价图

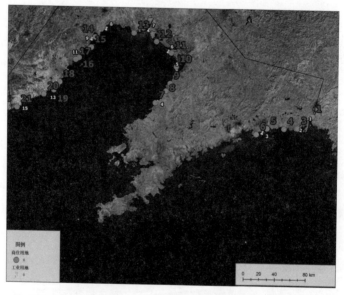

图4-20 辽宁沿海（大连除外）工业用地单位地价图

已>5 m，则第一等级界线以5 m等深线为界；若离岸2 km时，水深仍<5 m，则第一等级界线以距岸2 km线为界；若离岸<10 km时，水深已>10 m，则第二等级界线以10 m等深线为界；若离岸10 km时，水深仍<10 m，则第二等级界线以10 km等距线为界。

据此粗略划分规则，相应的毗邻土地价格影响衰减进行如下定义：

第一等级，土地价格等于图4-19和图4-20中毗邻土地价格；

第二等级，土地价格等于图4-19和图4-20中毗邻土地价格30%；

第三等级，土地价格为0，即毗邻土地价格对该海域的填海造地评价不产生影响，或影响微小可以忽略不计。

标准化后各单元的地价见图4-21。

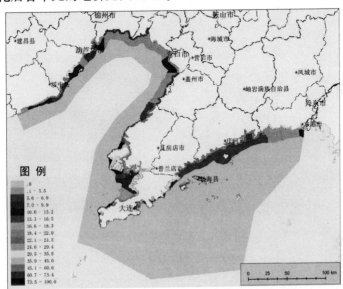

图4-21 辽宁海域评价单元相应地价图（标准化）

12. 交通条件发达指数

评价海域与可用于填海的公路及港口距离不同所反映的公路便捷指数及港口便捷指数之和。

各交通方式不同距离指数值见表4-11。

表4-11 公路便捷指数及港口便捷指数表

与公路垂直距离（km）	0-5	5-10	10-20	>20
公路便捷指数	50	35	20	5
与港口距离（km）	0-10	10-20	20-50	>50
港口便捷指数	50	35	20	5

实施计算：确定沿海全部公路和港口分布，查找到每个评价单元距离最近的港路和港口，再分别根据距离远近进行赋值。

交通条件发达指数见图4-22。

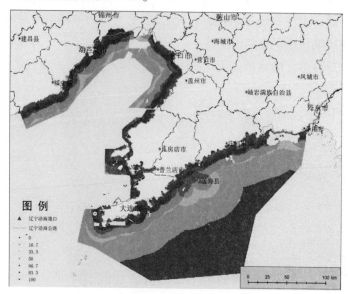

图4-22　辽宁海域交通条件发达指数图（标准化）

二、填海造地计算结果及定级

利用提出的12项指标，经修改调整后，按照《技术要求》的技术方案，在 ArcGIS 10.2 中通过空间关联、叠加分析等数据分析工具，分别计算每个评价单元的综合得分值（图4-23）。

根据 n=1+1.332LNm 计算级别数，其中 m 为单元数，n 为级别数。

本次评价单元共 37 982 个，计算得 n≈15。利用 SPSS 软件中聚类分析，进行了 10-15 等级的分布研究，总有 3-4 个等级中存在评价单元过少的情况，往往仅有数十个网格，即该等级分布面积仅有数十平方公里而已。通过其网格在空间中的展布，发现，这些网格分布于长海县南侧远海。因此，综合比选，将评价等级界定为 10 级。

根据频率分布曲线（图4-24，表4-12），选择得分突变的 9 个节点，分别是 20-25-31-37-39-49-53-56-59，对应的就是各评价等级得分区间。据此，形成了图4-25中显示的辽宁海域定级图。

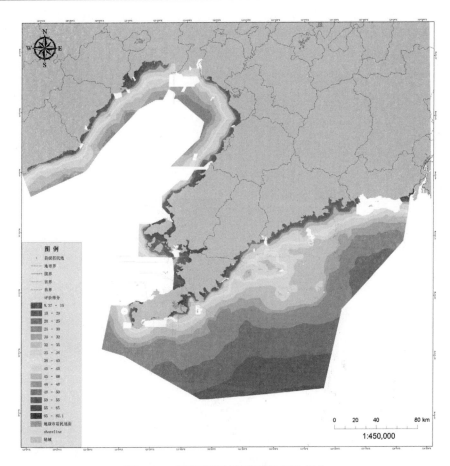

图4-23　辽宁省海域填海造地评价得分

表4-12　辽宁省填海造地级别划分表

	一级	二级	三级	四级	五级	六级	七级	八级	九级	十级
分值区间	≤20	20—25	25—31	31—37	37—39	39—49	49—53	53—56	56—59	>59

　　根据各评价单位等级分布实际情况，仔细核对各级海域分布，剔除异常点，适度平滑分界曲线，最终结果如图4-26所示。

三、几点体会

　　通过实践，认为，现行的指标体系中，个别指标之间存在类似或可替代

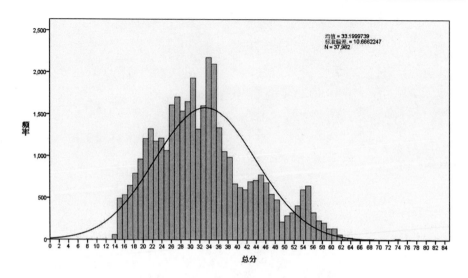

图 4-24　填海造地评价单元得分频率分布图

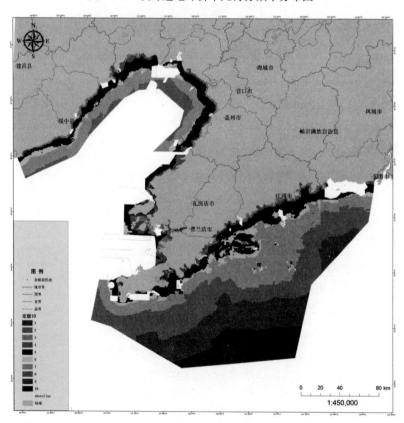

图 4-25　各评价单位等级分布图

性，可能对评价结果产生聚合和抵消作用，影响评价结果。比如，毗邻土地条件，是一个综合性的评估结果，其指标数据来源于复杂的土地利用评价系统；各指标之间需进行有效的检验，用更加可信的数学方法和技术体系确定评价系统的可信度；评价指标不仅包括陆域指标，也包括海洋指标，既有依托自然单元划分指标，又有行政单位体现的评价指标，如何将不同类型、不同统计方式的指标进行融合，共同为评价结果服务，是目前为止海洋领域评价研究无法很好解决的难题。

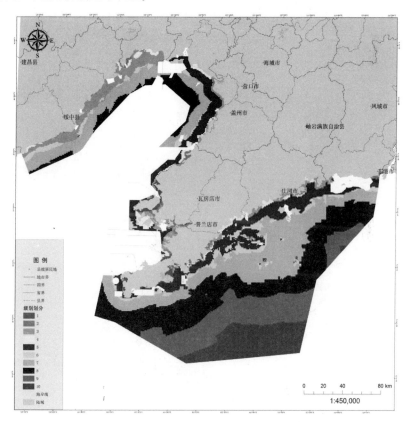

图 4-26　辽宁省海域填海造地评价定级图

第二节　养殖用海海域定级指标体系及级别划分

根据《海域定级与基准价评估技术要求》，养殖用海指标体系见表 1-9。但在实际的养殖用海活动调查发现，在其他各条件相同的情况下，其生物资源条件的差异不会影响到养殖用海的分布和发展。此次评价初级生产力、浮游生物密度、底栖生物密度等海洋生物资源指标。最后核算总得分的时候，将得分换算到百分制。

一、评价范围

养殖用海评价范围确定为《辽宁省海洋功能区划（2011—2020 年）》中界定的一级分区"农渔业区"和"保留区"（图 4-27）。我国海洋管理对养殖用海的基本政策是鼓励深水养殖，充分释放近岸海域空间。

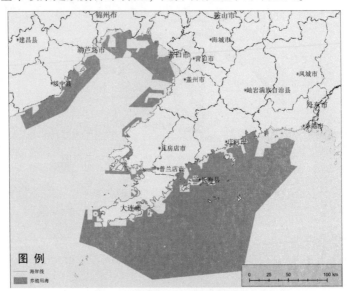

图 4-27　养殖用海评价范围分布

二、指标数据处理

通过求教相关领域的专家学者，基本得到水深与养殖关系，就现阶段的养殖技术和条件而言，绝大多数养殖集中于 10 m 水深以浅，而超过 30 m 水深，基本不适合养殖。因此，将水深与养殖的指数按照 10 m 以内，赋高值 90；10~30 m，温跃带，赋值 50；水深>30 m，基本不适于养殖，赋值 10。

养殖天数指数指标，主要以结冰期和低温及其他极端气候条件为主要衡量标准。估算每年结冰天数和低温及其他极端气候条件：辽东湾沿岸及黄海北部（水深<10 m）按照 100 天计，深水区（水深>30 m）按照 60 天，其余海域按照120天扣除（图4-28）。同时，分别按照不同的级差分别赋分值为50、90、70，实现去量纲化和标准化（图4-29）。

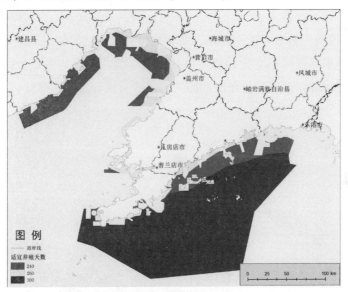

图4-28　辽宁省沿海适宜养殖天数分布示意图

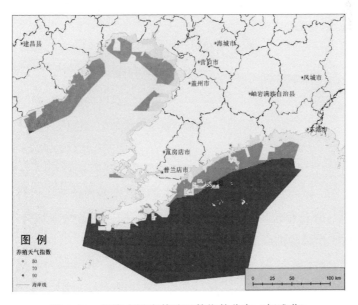

图4-29　辽宁省沿海养殖天数指数分布（标准化）

鉴于其余评价指标均与填海造地评价中的指标相同，故不再赘述。

三、级别划分过程

按照上述指标体系，结合各指标进行叠加，换算至百分制得分（图 4-30）。高分值集中分布于近岸海域，尤其是长兴岛群之间的水道；分值高低变化与水深基本呈现同等变化趋势，但并不同步变化，比如最低分值区分布于辽东湾内深水区，而辽宁省东南部的黄海北部海域分值并非最低。

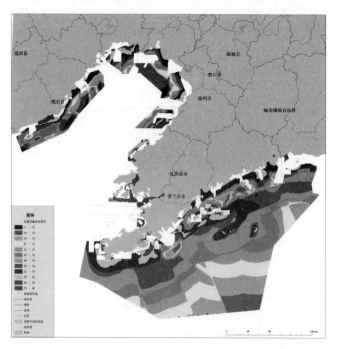

图 4-30 辽宁省沿海养殖用海评价得分情况

根据图 4-31 中各评价单元得分的频率分布曲线，选择得分突变的 7 个节点，分别是 36-40-42-49-55-63-69，对应的就是各评价等级得分区间（表 4-13）。根据各评价单位等级分布实际情况，仔细核对各级海域分布，剔除异常点，适度平滑分界曲线，最终结果如图 4-32 所示。

表 4-13　辽宁沿海养殖用海级别划分

	八级	七级	六级	五级	四级	三级	二级	一级
分值区间	≤36	36-40	40-42	42-49	49-55	55-63	63-69	>69

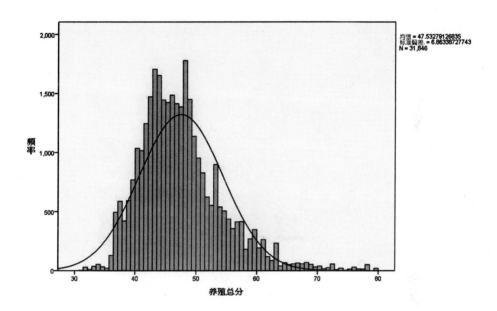

图 4-31　养殖用海评价单元得分频率分布图

四、养殖用海评价结果及定级

综合辽宁省养殖用海评价范围、分值空间分布特征、海域管理实践等多方因素,将养殖用海评价定级界定为 8 个等级。最高级别分布于大连长兴岛周边海域以及丹东大洋河口附近;最低等级分布于辽东湾北部深水区域;黄海北部深水区(大连南部海域)等级也较低;等级变化趋势与水深变化关系密切,基本反映了现阶段条件下海域管理对于养殖用海空间分布的引导政策,即鼓励深水养殖,为海洋经济发展留足近岸空间。

第三节　港口航运用海海域定级指标体系及级别划分

根据《海域定级与基准价评估技术要求》,港口航运用海评价指标体系见

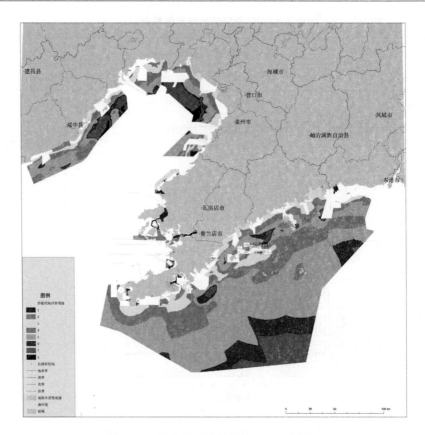

图 4-32　辽宁省海域养殖用海评价定级图

表 1-8。经分析各指标，发现港口航运效益指标无从获取，故本次评价未采用该指标。待其余指标分值加权后，将各评价单元得分换算至百分制。

一、评价范围

本次评价选择了《辽宁省海洋功能区划（2011—2020 年）》中界定的一级分区"港口航运用海"海域范围（图 4-33）。

二、指标数据处理

（1）底质条件指数：泥底最利于下锚，次为沙底，卵石或岩石底质则因不易被船锚所"抓住"而使碇泊遭到困难。因此，根据评价海域底质类型（图 4-34），确定底质条件指数值（表 4-14、图 4-35），底质类型可根据海图或者资料获取。

表 4-14 底质条件指数界定标准

底质类型	泥质底	砂质泥底	砾质泥底	泥质砂底	砂底	砾质砂底	泥质砾底	砂质砾底	砾石底
底质条件指数	90	85	80	75	70	65	60	55	50

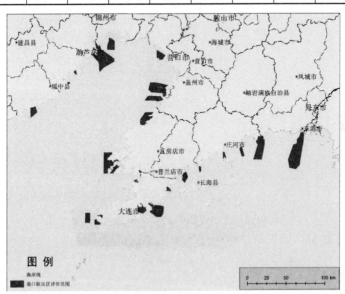

图 4-33 港口航运区评价范围分布示意图

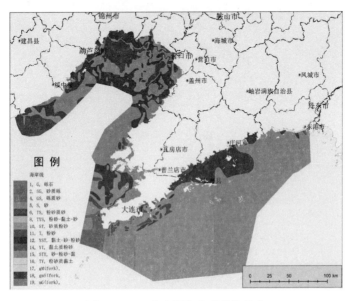

图 4-34 辽宁省沿海底质条件分布

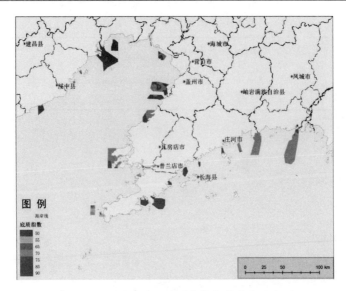

图 4-35　评价海域的底质条件指数分布示意图

（2）吞吐量、泊位数、淤积指数等指标数据处理（图 4-36～图 4-38）。

图 4-36　评价海域内港口吞吐量（标准化）

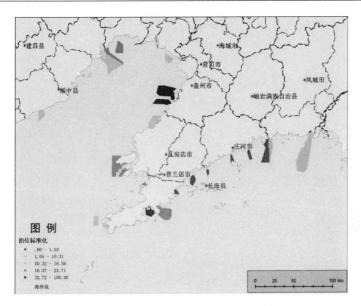

图 4-37　评价海域内港口泊位数分布（标准化）

图 4-38　评价海域内淤积指数（标准化）

三、级别划分

根据上述评价指标体系计算所得的各评价单位分值分布图（图4-39）。

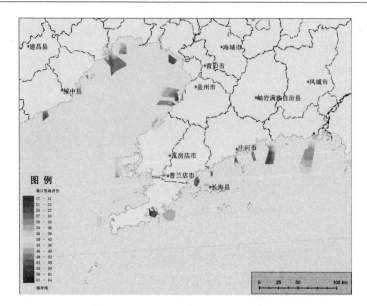

图 4-39　港口航运用海评价分值分布图

根据各港区分值及分布面积，计算了每个港区平均分值（表 4-15），其分值范围 20-62，可分为 6 级，分值区间如表 4-16 所示。

表 4-15 辽宁省各港区分值与级别

港口公司	港区	分级分值	级别
大连港	大连湾港区	62	一级
	大窑湾港区	62	
	鲶鱼湾港区	40	四级
	大孤山南港区	40	
	大孤山西港区	40	
	和尚岛西港区	40	
	大港港区	60	一级
	黑嘴子港区	60	
	甘井子港区	60	
	北良港区	40	四级
	旅顺新港港区	48	三级
	旅顺港区	43	
	太平湾港区	40	四级
	长兴岛港区	40	
	皮口港区	24	六级
	庄河港区	27	
	栗子房港区	27	
营口港	营口港区	60	一级
	鲅鱼圈港区	55	二级
	仙人岛港区	55	
	盘锦港区	20	六级
丹东港	丹东港海洋红港区	34	五级
	大东港区	45	三级
锦州港	锦州港港区	35	四级
	龙栖湾港区	30	五级
葫芦岛港	柳条沟港区	30	
	绥中石河港区	25	六级

表 4-16　辽宁省港口分级标准

	六级	五级	四级	三级	二级	一级
分值区间	20~27	27~35	35~42	42~49	49~56	56~63

第五章 辽宁海域生态服务价值评估

第一节 海洋生态系统服务价值内涵

生态系统是指一定空间范围内，由生物群落及其环境组成，具有一定格局，借助于功能流（物种流、能量流、物质流、信息流和价值流）而形成的稳态系统。Daily（1997）在 *Nature's Service：Societal Dependence on Natural Ecosystem* 中提出生态系统服务是指自然生态系统及其物种所提供的能够满足和维持人类生活需要的条件和过程，是通过生态系统功能直接或间接得到的产品和服务。Daily 将生态系统的服务确定为 15 种；Constanza（1997）进一步将生态系统提供的产品（Goods）和服务（Services）统称为生态系统服务，在 *The Value of the World's Ecosystem Services and Natural Capital* 中提出将生态系统服务分为 17 类，分别是：气体调节、气候调节、干扰调节、水调节、水供应、侵蚀控制和保持沉积物、土壤形成、养分循环、废弃物处理、传授花粉、生物防治、避难所、食品生产、原材料、基因资源、休闲娱乐、文化；De Groot 等（2002）将生态系统的服务归纳为 23 种类型；为操作方便，根据服务的特点，国际自然及自然资源保护联盟（2005）在《千年生态系统评估报告》（MA）中将生态系统服务分为四大类：调节服务、支持服务、供给服务、文化服务（表 5-1）。

表 5-1　生态系统服务功能分类体系

Costanza 分类	De Groot 分类	MA 分类
● 气体调节 ● 气候调节 ● 干扰调节 ● 水调节 ● 水供应 ● 侵蚀控制 ● 土壤形成 ● 养分循环 ● 废物处理 ● 花粉传授 ● 生物防治	调节功能：维持必要的生态过程和生命支持系统 ● 气体调节 ● 气候调节 ● 干扰调节 ● 水调节 ● 水供给 ● 土壤保持 ● 土壤形成 ● 营养调节 ● 废物处理 ● 传授花粉 ● 生物防治	调节服务：从生态系统的调节作用获得收益 ● 气体调节 ● 气候调节 ● 风暴防护 ● 水调节 ● 侵蚀控制 ● 人类疾病调节 ● 净化水源和废物处理 ● 传授花粉 ● 生态控制 支持服务：支持和产生所有其他生态系统服务的基础服务
● 避难所	生境功能：为野生动植物种提供适宜的生活空间 ● 残遗种保护区功能 ● 繁殖功能	● 初级生产 ● 土壤形成和保持 ● 营养循环 ● 水循环 ● 提供生境
● 生物生产 ● 原材料 ● 基因资源	生产功能：提供自然资源 ● 食物 ● 原材料 ● 基因资源 ● 医药资源 ● 观赏资源	供给服务：从生态系统中获得的产品 ● 食物和纤维 ● 燃料 ● 基因资源 ● 生化药剂、自然药品 ● 观赏资源 ● 淡水
● 休闲娱乐 ● 文化	信息功能：提供认知发展的机会 ● 审美信息 ● 娱乐 ● 文化和艺术信息 ● 精神和历史信息 ● 科学和教育	文化服务：人类从生态系统获得的非物质利益 ● 精神和宗教价值 ● 教育价值 ● 审美价值 ● 故土情 ● 文化遗产价值 ● 娱乐与生态旅游

海洋作为人类赖以生存和发展的基础，向人类提供丰富的食品和原材料，是自然界稳定的有机碳库、基因库和能源库，对于改善全球生态环境、维持生态平衡等具有十分重要的作用。在日渐完善的陆地各种生态系统的基础上，结合特定的海洋生态系统功能，可以认为海洋生态系统服务是"特定海洋生态系统及其组分通过一定的生态过程向人类提供的维持其生存和发展的产品和服务"。参考上述学者关于生态系统服务的分类体系以及 MA 的分类体系，海洋生态系统服务也可以分为供给服务、调节服务、文化服务和支持服务。供给服务主要通过向人类提供各种食品和原材料，来满足人类日益增长的物质需求，提高生活水平；调节服务主要是能够改善人们赖以生存的环境；文化服务则主要是海洋生态系统在休闲娱乐、文化价值、科研价值等精神文化方面对人类的贡献作用；支持服务则通过支持其他三类服务的形成间接影响人类福利。生态系统服务是针对人类的需求而言，是生态系统提供的能满足人类需要的各种产品和服务，因此，海洋生态系统服务来源于海洋生态系统自身，没有生态过程支持的不属于海洋生态系统服务，如港口、航运、石油、天然气、海洋矿产、潮汐能等都不属于海洋生态系统服务的范畴。

生态系统的服务是站在人的需求的角度谈的，要求满足人的需要，海洋生态系统服务价值即为特定海洋生系统在特定时间内为人类提供的产品和服务的效用。根据现代资源环境经济学的观点，海洋生态系统服务功能的价值有三部分构成：现实使用价值、选择价值和存在价值。现实使用价值可以划分为直接使用价值和间接使用价值，所谓直接使用价值是指海洋生态系统服务功能直接进入当前的消费和生产活动中的那部分价值，有的可以在市场上直接获得，如鱼类、矿产资源等的市场价格；间接使用价值是指海洋生态系统服务功能的价值并非直接用于生产和消费的经济价值，没有直接的市场价格，其价值只能间接地表现出来，如海水具有调节温度、改善气候等作用。选择价值指人类为了保护或保存某一海洋生态资源而愿意做出的预先支付。例如，人们为了保护海洋珍稀动物、海洋环境等而形成的支付意愿。选择价值衡量的是未来的直接或间接使用价值，以确保在未来不确定的情况下资源的供给。海洋生态资源的选择价值是随着人类科学技术的发展而不断提高的。存在价值即以天然方式存在时表现出的价值，实质上是一种生态领域的价值。存在价值是与人和使用目的无关的价值，是一种非商业功能价值，或一种尚未发现的使用价值，如海洋具有文化等方面的价值。

第二节　海洋生态系统服务价值评估方法

目前对于海洋生态系统服务价值评估尚没有统一、公认的分类标准和方法。

Ecological Economics 杂志 2002 年出版专辑探讨生态系统服务价值的概念及其评估方法。StePhen 等（2002）阐述了"价值"的经济学和生态学含义及其各自的评估方法。基于效用的商品和服务的价值反映了人们为获取他们的支付意愿（WTP），或者为舍弃他们愿意接受的赔偿（WTA）。而基于交易的价值则反映了商品或服务交易时的价格。在市场价值评估中，该值反映了商品或服务的边际价值（Marginalvalue）；但是在非市场价值评估中，需要采用间接评估方法。作为新古典价值理论补充或替代的"能值（Emergy）价值理论"也是生态学家和经济学家所推荐的一种自然资产计量方法（澳德姆，1987）。应用能值这一度量标准及其转换单位-能值转换率（Transformity），可将生态经济系统内流动和储存的各种不同类别的服务所包含的能量转换为同一标准的能值，从而进行计量和评价。有时，时间也可作为价值计量的一种方式（Farbe etal, 2002）。以生态系统物质流为基础的生态足迹方法（Rees, 1992；wackeruagel&Rees, 1996）提出了生物生产性土地的概念，对各种人类消费和自然资源进行标准化处理，把人类的各种消费和活动转换成土地面积进行计量和评价。生态足迹分析法反映了人类对环境的影响，该方法在区域可持续发展度量方面有广泛应用（王书华等, 2002）。由此可见，货币化测度方法并非生态系统服务价值的唯一计量标准，但因价值的货币测度方法很方便，因此货币化计量是生态系统服务价值计量的常用手段。

Robert Costanza 等人 1997 年在 Nature 杂志上撰文，公布了他们对全球海洋在一年内对人类的生态服务价值的评估结果。不少学者基于 Robert Costanza 等提出的全球生态系统服务功能的单位价值成果，将直接市场法、替代市场法和假想市场法等货币化评估方法及地理信息系统数值模拟等手段引入到海洋生态系统服务价值计算中。

按照 Robert Costanza 等人的计算标准，中国渤海、黄海、东海与南海的面积共计 4 728 000 km²，每年提供的生态服务价值共计 2 728.06 亿美元，约为 22 642 亿元人民币。由于各海域地理要素的差别，程连生（2000）根据各海区的情况，对四个海区的数值进行了分析，得到一个估价数，即中国四大海域每年提供的生态服务价值 1 813.6 亿美元，约为 15 047 亿元人民币，合人民币 3 184 元/hm²·a。

陈仲新等（2000）根据 Costanza 等的包含 16 个生物群落和 17 种生态系统服务的分类系统，以及每个生物群落的服务的全球单位价值 [$/（hm²·a）] 和每种生态系统服务的平均价值 [$/（hm²·a）] 的计算值，计算得到中国生态系统服务的价值。

杨清伟等（2003）亦采用 Costanza 等的分类系统，根据原广东省（即现在广东、海南二省）海岸带和海涂资源综合调查报告，划分了 7 个生物群落和 17 种生态系统服务类型并确定了两者的对应关系。生态系统服务价值的具体计算步骤是：（1）根据陈仲新等计算所得中国生态系统服务的价值和 Costanza 等人计算所得全球生态系统服务的价值，获得研究区域不同生物群落和不同类型生态系统服务的单位价值；（2）将研究区域各生物群落面积与其单位价值相乘再求和便得到该研究区域生物群落的总价值，亦即研究区域生态系统服务的总价值；（3）将各生物群落面积与其所包含的各类型生态系统服务的单位价值相乘，然后求算出各类型生态系统服务的价值，再相加亦得到研究区域生态系统服务的总价值。

更多研究按照海洋生态系统服务功能的直接使用价值、间接使用价值和非使用价值采用不同的评估方法进行评估。通常，直接使用价值用生态系统产品的市场价格法估算；间接使用价值用替代市场法（如旅行费用法、影子工程法等）等进行评估；非使用价值用假想市场法（如条件价值法）进行评估，具体方法介绍如下。

一、市场价值法

市场价值法基本原理是将生态环境作为一种生产要素，生态环境质量的变化将导致生产率和生产成本的变化，进而影响产量和利润的变化，依此来推算环境质量的改善或破坏所带来的经济上的影响。市场价值法简单、实用，所需数据量少，易计算，被广泛应用于人类资源利用活动产生的生态环境破坏对自然系统或人工系统影响的评价。但它只考虑作为有形交换的商品价值，没有考虑作为无形服务的生态功能价值；只考虑直接经济效益，没考虑间接经济效益。

二、机会成本法

机会成本法的假设前提是自然资源存在许多互相排斥的备选方案，但资源是有限的，选择了这种使用机会，就放弃了另一种使用机会，也就失去了另一种获得效益的机会。把失去使用机会的方案中获得的最大经济效益，作为该资源选择方案的机会成本。该法简单易懂，是一种非常实用的技术，能为决策者提供科学的依据，更好的配置资源。对于某些资源应用的社会净效益不能直接估算的场合，常用此法。

三、旅行费用法

旅行费用法是一种评价无价格商品的方法，广泛应用于户外娱乐场所的评估，其基本原理是通过交通费、门票费等旅行费用资料确定某环境服务的消费者剩余，并以此来估算该环境服务的价值。它主要有分区模型、个体模型、随机效用模型等3个模型。旅行费用法有两个理论基础：一是将效益等同于消费者剩余，但货币度量法常常忽略消费者剩余，这就导致其结果难以与通过其他方法得到的货币度量结果相比；二是效益是现有收入的分配函数，效益是通过那些能支付得起旅游费用的人的效益来体现的，忽略了收入低暂时不能去旅游的人的效益，对于分配差距悬殊的地方，所得结论容易与实际情况偏差较大。

四、费用分析法

费用分析法是指一种资源被破坏了，可把恢复或保护它不受破坏所需费用，作为该环境资源破坏带来的经济损失，包括影子工程法、恢复费用法、防护费用法等。影子工程法也叫替代工程法，常应用于环境的经济价值难以直接估算时，可借助于能够提供类似功能的替代工程来表示该环境的生态价值。恢复费用法是指用恢复恶化的生态环境的措施所需要的费用来估算生态环境质量的价值。防护费用法是指人们为了消除或减少生态恶化的影响而愿意承担的费用，用防护费用来替代环境的生态价值。

五、替代花费法

替代花费法是指环境效益和服务不能通过市场直接进行买卖交易，但是可以通过估算具有这些效益或服务的替代品的市场价格来代替某些环境服务或效益的价值，即以使用技术手段获得与生态系统功能相同的结果所需的生产费用为依据。

六、支付意愿法

支付意愿法是在缺乏与市场有关的数据情况下，通过对消费者调查或专家访问，了解消费者的支付意愿或他们对商品或劳务的数量的选择愿望，以获得对环境资源价值或保护措施效益的评价，又称为假想市场法。假想市场法特别适宜于对那些非使用价值（存在价值、遗产价值和选择价值）占较大比重的独特景观和文物古迹价值的评价。因此被广泛应用于估算公共资源、空气或水的质量，及具有美学、文化、生态、历史价值但没有市场价格的物品的价值。根据获取数据的途径不同，可细分为：投标博奕法、比较博奕法、无费用选择法、优先评价法和德尔菲法。我国由于社会经济发展状况、公众心理特征等因素的影响，陆地生态系统广泛应用的假想市场评估技术在海洋生态系统价值评估中应用很少。

第三节　已有的海洋生态系统服务价值研究成果

海洋生态系统服务具有异地实现性、时空尺度和局地依赖性，这些特点造成了海洋生态系统服务价值评估的困难。

一、海洋生态系统服务的异地实现性

由于海洋生态系统的连通性和流动性，海洋生态系统的服务经常不在本地实现。例如海洋生态系统的气候调节和氧气生产服务经常是在全球尺度上得以实现。同时，海洋生态系统内的生物也可以在更大范围内游动和迁移，从而使得海洋生态系统服务表现出明显的异地实现性。由于海洋生态系统服务存在异地实现性，在具体的评估过程中往往难以区分这些服务到底有多大比例是属于异地提供的，也难以确定某些服务实现的空间尺度到底有多大。

二、海洋生态系统服务的时空尺度与局地依赖性

不同类型生态系统服务对人的效用在不同的空间尺度上有所不同。比如生态系统的物质供给服务往往与当地居民的利益更密切，调节服务和支持服务通常与区域、全国、甚至全球尺度的人类利益相关，文化服务则与本地-全球尺度上的利益相关方关系密切。海洋生态系统服务的形成到底依赖于多大的空间尺度成为人们关注的难点。同时，有些海洋生态系统服务价值是依托

于当地社会经济条件而得以实现的，海洋生态系统服务具有明显的局地依赖性特征。

目前，海洋生态系统服务价值评估研究基本上是对陆地生态系统服务价值评估方法的模仿应用，在海洋生态系统服务价值评估研究的案例中，由于缺乏多学科的背景知识，对海洋生态系统服务的认识不够深入，再加上数据资料获取困难，往往着重于评估利用价值（直接利用价值和间接利用价值），而对非利用价值（选择价值、遗产价值和存在价值）较少涉及，对海洋生态系统服务价值的揭示不够全面。由于对海洋生态系统的认识和评估方法的限制，目前试图对海洋生态系统所有服务进行完整、可靠的价值计量难以实现，根据不同的海洋生态系统分类，已有的部分关于海洋生态系统服务价值的研究成果如表5-2。

从表5-2结果可看出，海洋生态系统服务价值评估结果因对生态系统服务价值不同的定义，采用不同的评估方法、选择不同的评估参数，其结果会产生巨大的差异。大多数的研究选择针对生态系统不同服务功能构建不同的评估模型，然后分别计算不同服务功能价值，评估结果的数量级多为万元/$hm^2 \cdot a$。对不同尺度的研究对象来说，研究者通常会根据情况再细分生态类型。评估过程中涉及的生态系统大类包括海洋和海岸带，一般还细分为滩涂、湿地、沙滩、海湾、浅海水域等。

第四节　辽宁省海洋生态系统服务价值修正结果

作为评估海域价格的基础，本次测算将通过对已有的海洋生态系统服务价值研究成果进行修正，最终确定辽宁省海洋生态系统服务价值。修正基数包括：（1）2007年辽宁近海海洋生态系统服务价值20 302元/$hm^2 \cdot a$；（2）2000年辽宁省湿地生态系统服务价值54 264元/$hm^2 \cdot a$；（3）2008年辽东湾生态系统服务价值57 569元/$hm^2 \cdot a$。

表5-2　海洋生态系统服务价值评估结果汇总

海洋生态类型	已有研究成果（hm⁻²·a⁻¹）	区域	文献来源	评估基期	评估方法
海洋	577美元	全球	The Value of the World's Ecosystem Services and Natural Capital	1997	
	4595元	中国	中国生态系统效益的价值	1994	参考Costanza等人的分类方法与经济参数对中国生态系统功能与效益进行价值估算
	20302元	辽宁	辽宁近海海洋生态系统服务及其价值测评	2007	参考MA分类体系，将辽宁近海海洋生态系统服务归纳为资源供给、环境调节和人文社会三大类共10项，分别对辽宁近海海洋生态系统服务价值进行测评
	48400元	山东	山东近海生态系统服务价值估算研究	2008	基于国标《海洋生态资本评估技术导则》，提出适应于山东近海的9项评估指标，采用市场价格法、替代成本法、收入替代法、直接成本法，条件价值法等对其进行估值
	37782元	浙江	浙江省海洋生态系统功能及价值评估	2009	借鉴我国标海洋生态系统服务功能已有的划分标准，将其分为供给功能、调节功能、文化功能和支持功能，采用市场价值法、成本参照法、污染防治成本法、替代工程法等海洋生态系统的供给功能、调节功能、支持功能和文化功能及下属的子功能进行估值
	5045元	广西	广西近海生态系统服务功能价值评估	2010	MA
	2790000元	厦门	填海造地生态损害评估及应用研究	2004	或然价值法（CVM），支付意愿
	4510元	曹妃甸	曹妃甸围填海工程的海洋生态服务功能损失估算	2007	

续表

海洋生态类型	已有研究成果 (hm^{-2}·a^{-1})	区域	文献来源	评估基期	评估方法
海岸带	4052 美元	全球	The Value of the World's Ecosystem Services and Natural Capital	1997	
	34923 元	中国	中国生态系统效益的价值	1994	参考 Costanza 等人的分类方法与经济参数对中国生态系统功能与效益进行价值估算
滩涂湿地	72030 元	广东—海南	广东—海南海岸带生态系统服务价值评估	2003	采用 Costanza 等的分类系统和单位面积的服务价值
滩涂	81372 元	环渤海	环渤海海岸带生态服务价值功能评价	2007	
	585182 元	厦门	厦门湿地生态系统服务功能价值评价	2007	

续表

海洋生态类型	已有研究成果 （hm^{-2}·a^{-1}）	区域	文献来源	评估基期	评估方法
湿地	24591 元	全国	一个基于专家知识的生态系统服务价值化	2006	将生态服务划分为 9 项，采用意愿调查价值评估法对 6 类生态系统 9 项服务功能相对于农田食物生产价值的相对重要性进行中国生态系统服务单位面积价值当量调查
	54264 元	辽宁	辽宁省湿地生态系统服务功能价值测评	2000	将辽宁省湿地生态系统划分为近海及海岸湿地、河流湿地、湖泊湿地、沼泽和沼泽化草甸湿地、库塘湿地五大类 11 种类型，应用市场价值法、造林成本法、工业制氧成本法、影子工程法、污染防治成本法、生态价值法等对湿地生态系统提供的物质生产，环境调节和人文社会三大类共 8 项服务功能经济价值进行估算
	8437～15763 美元		Farber 路易斯安那湿地	2002	
	30310 元	莱州湾南岸	莱州湾南岸贝壳海湿地的生态系统服务价值变化	2002	
	3276 元	辽河三角洲	基于遥感的辽河三角洲湿地生态系统服务价值评估	2005	
	78119 元	盘锦	盘锦地区湿地生态系统服务功能价值估算	1997	市场价值法、碳税法和造林成本法、影子工程法、模糊数学法、条件价值法、旅行费用法、生态价值法

续表

海洋生态类型	已有研究成果（hm⁻²·a⁻¹）	区域	文献来源	评估基期	评估方法
近岸沙滩	2625 元	广东—海南	广东—海南海岸带生态系统服务价值评估	2003	采用 Costanza 等的分类系统和单位面积的服务价值
	10780 元	厦门	海岸带环境资源价值评估——理论方法与案例研究	2004	
	3969 元	厦门	厦门湿地生态系统服务功能价值评价	2006	
	160972 元	杭州湾南岸	杭州湾南岸生态系统服务价值及其经济价值研究	2000	
海湾	57569 元	辽东湾	辽东湾、渤海湾、莱州湾生态系统服务价值评估	2008	应用 MA 评估框架，构建了食品生产、原料生产、基因资源、氧气生产和气候调节、废弃物处理、生物控制、休闲娱乐、科研文化，初级生产以及物种多样性维持等 10 项服务价值的评估方法
	35623 元	胶州湾	海洋生态系统服务及其价值评估应用研究	2003	
	39724 元	桑沟湾	海洋生态系统服务及其价值评估应用研究	2003	
	686500~768400 元	同安湾	围填海导致的海岸带生态系统服务损失的货币化评估——理论方案与案例研究	2010	从海岸带生态系统服务分类入手，构建海岸带生态系统服务损失的评估模型
	560000 元	胶州湾	围填海造地环境成本评估：以胶州湾为例	2008	意愿调查法
	3460000000 元	奎子湾	填海造地导致海湾生态系统服务损失的能值评估——以奎子湾为例	—	运用能值分析方法，针对填海工程造成的供给、调节、文化、支持 4 类生态系统服务损失构建了能值估算模型

续表

海洋生态类型	已有研究成果（hm⁻²·a⁻¹）	区域	文献来源	评估基期	评估方法
浅海水域	28364元	广东—海南	广东—海南海岸带生态系统服务价值评估	2003	采用Costanza等的分类系统和单位面积的服务价值
	406934元	厦门	厦门湿地生态系统服务功能价值评价	2003	针对湿地提供的栖息地、湿地产品、涵养水源、污染净化、抵御海洋灾害、旅游及文化科研等7种服务功能采用生态经济学的理论方法进行评估
	67396元	杭州湾南岸	杭州湾南岸生态系统服务功能及其经济价值研究	2004	

　　辽宁近海海洋生态系统服务价值评估结果是研究人员以辽宁省近海为评估对象，参考 MA 分类体系，将辽宁近海海洋生态系统服务归纳为资源供给服务（食品供给、原材料供给、基因资源）、环境调节服务（气候调节、空气质量调节、水质净化调节、有害生物与疾病的生物调节与控制、干扰调节）和人文社会服务（科研文化服务、旅游娱乐服务）三大类共 10 项，整合市场价格法、污染防治成本法、碳税法、造林成本法和工业制氧成本法，同时参照 Costanza 等的经济参数，对各项服务功能价值分类逐项进行估算，最后加和测算出辽宁近海海洋生态系统服务价值。该研究将辽宁省近海生态系统作为一个整体评估对象，并未进一步细分生态类型，辽宁近海海洋生态系统的总服务价值中，资源供给服务、环境调解服务、人文社会服务价值分别占总服务价值的 33.18%，15.04% 和 51.78%。

　　辽宁省湿地生态系统服务功能价值测评研究人员依据辽宁省林业厅1995—2000 年对全省湿地资源的调查数据，将辽宁省湿地生态系统划分为近海及海岸湿地、河流湿地、湖泊湿地、沼泽和沼泽化草甸湿地、库塘湿地五大类 11 种类型，运用市场价值法、造林成本法、工业制氧成本法、影子工程法、污染防治成本法、生态价值法和专家评估法等生态经济价值评价方法，对湿地生态系统提供的物质生产、环境调节和人文社会三大类共 8 项服务功能的经济价值进行分类逐项估算。根据辽宁省湿地生态系统类型，加和测算出辽宁省近海及海岸湿地生态系统服务价值。辽宁省湿地生态系统三大类湿地生态系统服务功能价值量中，环境调节功能价值、物质生产功能价值、人文社会服务功能价值分别占总服务价值的 68.28%，24.95% 和 6.77%。

　　辽东湾生态系统服务价值评估研究人员应用联合国千年生态系统评估框架（MA），构建了食品生产、原料生产、基因资源、氧气生产和气候调节、废弃物处理、生物控制、休闲娱乐、科研文化、初级生产以及物种多样性维持等 10 项服务价值的评估方法。对辽东湾、渤海湾和莱州湾进行了上述 10 项生态系统服务价值的评估，其中辽东湾的生态系统服务价值为 885.48 亿元/年，食品生产价值量（养殖和捕捞）在海湾生态系统服务价值中所占比重最多，为 79.95%。

　　根据以上研究结果，按照 3% 的通货膨胀率将各结果修正为 2013 年货币价值，具体结果见下表 5-3。

表 5-3 洋生态系统服务价值修正结果汇总 单位: 元/ hm² · a

	评估基期	2013 年
辽宁近海海洋生态系统服务价值	20302	24242
辽宁省湿地生态系统服务价值	54264	79689
辽东湾生态系统服务价值	57569	66738

因此，辽宁省海洋生态系统服务价值按照一般海域、滨海湿地、海湾三类的评估值分别定为 2.4 万元/hm² · a，8.0 万元/hm² · a，6.7 万元/hm² · a。按照 10% 的生态系统服务价值还原利率可求得辽宁省一般海域、滨海湿地、海湾三类生态系统服务价值分别为 24 万元/ hm²，80 万元/ hm²，67 万元/ hm²。

辽宁省海域总面积 68 000 km²；沿海重要的滨海湿地包括鸭绿江口滨海湿地、双台子河口滨海湿地、复州河口滨海湿地等，湿地面积 2 200 km²；10 km² 以上海湾包括青堆子湾、常江澳、小窑湾、大窑湾、大连湾、营城子湾、金州湾、普兰店湾、董家口湾、葫芦山湾、复州湾、太平湾、锦州湾等，海湾面积 1 864 km²。一般海域、滨海湿地、海湾的面积比例为 94.02：3.24：2.74。按照面积比例取权重，最终测算辽宁省 2013 年生态系统服务价值为：

24×0.9402+80×0.0324+67×0.0274 = 27（万元/ hm²）

按 10% 收益还原利率，年生态系统服务价值为 2.16 万元/ hm² · a。

海洋生态系统提供了物质生产、环境调节、生态支持、人文社会等诸多服务功能，在维系区域生态安全及国民经济发展中发挥着不可替代的重要作用。由于对海洋生态系统服务功能没有统一的标准，因此，已有的研究成果在具体评估指标的选择上各有侧重（见表 5-4）。

本次评估结果是基于已有的研究成果进行修正所得，最终结果反映的是基于 2013 年货币价值的海洋生态系统服务价值。该结果反映了辽宁海洋生态系统服务功能的整体价值水平，在海域价格评估中的应用还需要根据对海域自然属性改变的程度进行系数修正。

根据不同用海对生态系统的影响程度，各类用海生态补偿见表 5-5。

表 5-4　海洋生态补偿评估指标选取

用海类型	生物供给	养殖生产	气体调节	自净能力	营养盐循环	初级生产	科研服务	娱乐文化	海洋生态补偿系数
	0.2	0.15	0.2	0.1	0.15	0.1	0.04	0.06	
填海造地用海	√	√	√	√	√	√	√	√	1
港口航运用海		√		√	√	√			0.5
围海养殖用海				√	√	√	√	√	0.45
开放式养殖用海									0
旅游娱乐用海		√		√		√			0.35

表 5-5　主要用海海洋生态补偿

用海类型	海洋生态补偿系数	海洋生态补偿	备注
填海造地用海	1	27 万元/hm²	一次性征收
港口航运用海	0.5	1.08 万元/hm²·a	
围海养殖用海	0.45	0.97 万元/hm²·a	按年征收
开放式养殖用海	0	0	
旅游娱乐用海	0.35	0.76 万元/hm²·a	

第六章 填海造地用海基准价评估

第一节 填海造地用海内涵及类型划分

一、现行填海造地用海分类

填海造地又称围填海，把原有的海域、湖区或河岸转变为陆地，是人类向海洋拓展生存和发展空间的一种重要手段，是海洋开发活动中一种重要的海岸工程。填海造地用海是指通过筑堤围割海域，填成能形成有效岸线土地，完全改变海域自然属性的用海。我国海域使用金统一按照用海类型、海域等别以及相应的海域使用金征收标准计算征收。其中，填海造地用海分为建设填海造地用海、农业填海造地用海、废弃物处置填海造地用海三类。建设填海造地用海是指通过筑堤围割海域，填成建设用地用于商服、工矿仓储、住宅、交通运输、旅游等的用海。农业填海造地用海是指通过筑堤围割海域，填成农用地用于农、林、牧业生产的用海。废弃物处置填海造地用海是指通过筑堤围割海域，用于处置工业废渣、城市建筑和生活垃圾等废弃物，并最终形成土地的用海。

二、现行分类存在的问题

1. 海洋功能区划对建设填海造地用海缺乏控制性

海洋功能区划中并未明确划定填海造地用海区域，各种功能区都有可能产生填海造地的用海区域，依托不同海洋功能区的填海区基本都属于建设填海造地用海。在海域有偿使用初期，各功能区产生的填海规模小，填海必要性突出，单一的建设填海造地用海容易满足海域管理需求，但随着各地滨海新区的积极建设，建设填海造地已从过去单一的工业开发向综合性多功能、多产业的开发利用方向发展：包括兴建大型工业企业；为交通事业发展提供空间，建设国际机场、沿海港口；满足不断增长的人口及城市建设的需要等。因此，需要和海洋功能区划相结合，细化建设填海造地用海类型，以便更有效的实现对填海规模的控制。

2. 建设填海造地用海缺乏形成土地后的用途监管

在现行的海域使用管理制度下，海域供应者即政府根据海洋功能区划、区域建设用海规划及海域使用论证等调控填海造地需求，但对填海形成的土地没有有效的监管机制，土地使用者可以根据本身的土地使用要求进行改变，由此导致在控制填海造地层面上的建设填海造地的单一性，与填完后形成的土地管理脱节，因此需要对建设填海造地的单一性进行深化和细化。

3. 建设填海造地用海存在巨大的收益差异

海域价格评估以海域使用收益为依据，目前按照海域综合等别确定的填海造地海域使用金标准虽然能体现宏观填海造地用途下的价格水平差异，但建设填海造地用海不同细分用途的海域收益水平相差甚远，统一的填海造地海域使用金标准越来越不适应海域市场发展。因此需要按照不同用途填海造地实际收益水平、适用范围等要求对建设填海造地用海类型做次级分类，以推动海域市场的发展和完善。

4. 建设填海造地用海基准价评估分类

我国海域市场还处于起步、发展阶段，对于填海造地用海来说，能取得收益的或以获取收益为目的而进行的填海造地活动主要用于港口、工业、商业、住宅、娱乐等方面，形成土地的用途不同，其海域使用权市场价格完全不同，统一的建设填海造地海域使用金标准逐步面临管理上的困难：一是建设填海造地用海细分用途的海域收益水平及交易价格差异悬殊，海域使用金标准对海域市场的指导和宏观调控作用显著降低；二是建设填海造地用海的效益差别很大，按相同的海域使用金征收标准出让，显然有失公允。因此，将原建设填海造地用海细化为工业填海造地用海和商住填海造地用海两类。填海造地用于港口、临港工业等方面的属于工业填海造地用海，填海造地用于城镇建设、商业开发、娱乐等方面的属于商住填海造地用海。

第二节　辽宁省填海造地用海概况

辽宁省填海活动包括城镇建设、工业、港口、渔业基础设施等，采用辽宁省 1990 年、2000 年、2005 年、2008 年、2009 年 5 个年度的 ETM 和 SPOT 遥感影像，结合实地踏勘以及各地方收集资料，分成 1990—2000、2000—2005、2005—2008、2008—2009 等 4 个时间段提取辽宁省填海造地数据，按照填海造地用途进行统计，结果见表 6-1。

从图 6-1 可见，辽宁省填海规模增加速度过快，尤其是 2005 年辽宁省实施"五点一线"战略以来，每年填海面积显著增加，2009 年新增填海面积超过了 2000—2008 年新填海面积的总和。

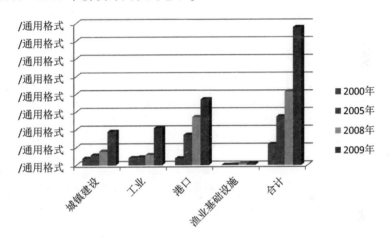

图 6-1　辽宁省 2000—2009 年填海面积分类统计图

表 6-1　辽宁省历年填海面积统计　　　　　单位：hm²

地区	年份	城镇建设	工业	港口	渔业基础设施	合计
葫芦岛	2000	391	615	–	–	1006
	2005	401	629	–	–	1030
	2008	434	713	515	1	1663
	2009	1254	1462	727	1	3443
锦州	2000	–	–	346	–	346
	2005	134	–	772	–	906
	2008	134	–	772	62	968
	2009	134	177	1463	62	1836

续表

地区	年份	城镇建设	工业	港口	渔业基础设施	合计
盘锦	2000	–	–	–	–	–
	2005	–	–	–	–	–
	2008	–	–	–	13	13
	2009	557	–	–	13	570
营口	2000	–	–	125	–	125
	2005	–	–	815	–	815
	2008	–	–	1350	15	1365
	2009	–	161	1966	32	2159
大连	2000	358	187	310	–	855
	2005	575	261	1767	26	2629
	2008	995	448	2430	70	3943
	2009	1832	2374	2913	70	7189
丹东	2000	–	–	–	–	–
	2005	–	–	57	–	57
	2008	–	–	320	–	320
	2009	–	–	320	–	320
辽宁	2000	749	802	781	–	2332
	2005	1110	890	3411	26	5437
	2008	1563	1161	5387	161	8272
	2009	3777	4174	7389	178	15518

　　对比全国海域使用管理公报数据，2009 年全国填海造地确权面积 17 888 公顷，其中辽宁省填海造地确权面积 3 256 公顷；2010 年全国填海造地确权面积 13 599 公顷，其中辽宁省填海造地确权面积 3 012 公顷；2011 年，全国填海造地确权面积 13 955 公顷，其中辽宁省填海造地确权面积 1 336 公顷。由于实际填海情况对填海确权存在一定的滞后性，因此辽宁省确权的填海面积小于遥感图像的提取数据。从海域使用管理公报的数据可见，2009—2011

年，辽宁省填海确权面积呈减少趋势，尤其是 2011 年，填海造地确权面积不到上年的一半，占全国填海确权面积的比例从最高 22.1% 降到 9.6%。

从图 6-2 可见，大连市因为拥有广阔的海域资源，不仅每年填海面积显著高于其他沿海市，填海面积增速也十分惊人，2009 年新增填海面积约占全省新增填海面积的一半。葫芦岛、锦州、营口三个沿海市 2000—2009 年的填海情况相仿，但葫芦岛 2009 年填海面积及增幅明显大于锦州和营口，填海活动趋势强烈。盘锦、丹东两个沿海市的填海活动规模则一直不大。

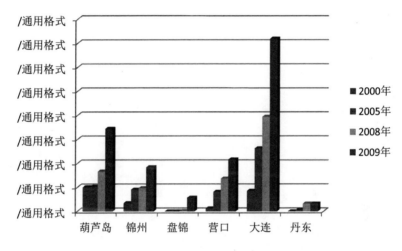

图 6-2 辽宁沿海六市 2000—2009 年填海面积统计图

区域内多个项目用海的累积效应相比于单个用海项目而言，会给海洋生态造成了更大程度的破坏，因此，国家海洋局于 2006 年 4 月下发了《关于加强区域建设用海管理工作的若干意见》，截止到 2012 年 6 月，国家海洋局共批准了辽宁省 11 个区域建设用海规划，另有 7 个园区的规划正在报批过程中。规划主要集中在大连、营口、盘锦、丹东四个沿海城市，规划类型主要为港口航运、临港工业、城镇建设、工业区等单项或多项复合型用海（表 6-2）。

表6-2　辽宁省已经批准的区域建设用海规划一览

序号	批准情况	规划名称	填海面积 （hm²）	用海面积 （hm²）	批准日期	规划类型
1	已批准	大连长兴岛临港工业区区域建设用海总体规划（一期）	3391.82	3391.82	2009.7.7	港口航运及临港工业
2		盘锦船舶工业基地（一期）区域建设用海总体规划	0	984	2009.7.7	临港工业及城镇建设
3		锦州市新能源和可再生能源产业基地区域建设用海规划	1161.82	1161.82	2010.1.26	工业区
4		辽宁兴城临海产业区起步区区域建设用海规划	938.32	938.32	2010.5.5	临海工业
5		辽宁省锦州港区域建设用海一期规划	753.18	753.18	2010.5.5	港口航运级临港工业
6		辽宁省盘锦辽滨沿海经济区区域建设用海一期规划	1121	1121	2010.5.5	临港工业及城镇建设
7		营口市鲅鱼圈临港工业区区域建设用海一期规划	864.6	864.6	2010.5.5	临港工业
8		大连花园口经济区（一期）区域建设用海规划	1500	1563	2011.8.3	临港工业及城镇建设
9		盘锦辽滨沿海经济区区域建设用海二期规划	3283	3283	2011.9.5	港口、临港工业及城镇建设
10		丹东大东港区区域建设用海规划	1416	1801	2011.12.2	港口航运
11		营口市仙人岛港（一期）区域建设用海规划	896.77	896.77	2012.4.11	港口航运

续表

序号	批准情况	规划名称	填海面积 （hm²）	用海面积 （hm²）	批准日期	规划类型
12		大连临空产业园区域建设用海总体规划		2709		空港，临港工业及城镇建设
13		辽宁营口仙人岛港区区域建设用海规划		898.98		港口航运及临港工业
14		辽宁（营口）沿海产业基地区域建设用海		3019		临港工业
15	正在申报	大连长兴岛临港工业区（二期）区域建设用海规划		7247.06		港口航运及临港工业
16		大连国家生态工业示范园区区域建设用海规划		2050.29		工业区
17		大连庄河滨海新区区域建设用海规划		4331.71		临海工业及城镇建设
18		大连金州新区七顶山片区区域建设用海规划		341		临海工业及城镇建设

辽宁省已批准的区域建设用海规划填海面积总共 15 327 公顷，正在申报的区域建设海规划用海面积总共 20 597 公顷，其中大部分将用于填海，说明辽宁省在未来若干年依然存在巨大的填海需求。

第三节　辽宁省建设填海造地用海样点价格评估

一、建设填海造地用海空间资源价格评估

1. 填海造地用海空间资源价格评估方法选择

海域和土地类似，因此可以借鉴相对成熟的地价评估方法，包括成本法、收益还原法、假设开发法、市场比较法等。但填海造地用海的特殊性在于形成土地后将彻底改变海域自然属性，在海域使用权转为土地使用权之前，即使海域具象已经成为土地，海域市场上还是认为交易的是海域使用权，因此，填海造地用海的估价对象可分为两种情况：一是具有海域自然属性的填海造地用海，二是物理形态已经改变为土地的填海造地用海。针对这两种状态，填海造地用海价格评估方法的适用范围和参数选择和地价评估存在较大的差异。

由于物理形态变为新增土地的填海造地海域使用权必须在一定期限内转为土地使用权，因此虽然本次调研样点多数为已填完或正在填的填海造地用海，但为了填海造地用海基准价评估提供依据，所有样点都假设为仍具有海域自然属性的填海造地用海。

成本法是以开发和利用海域所耗费的各项费用之和为主要依据，加上正常的利润、利息、应缴纳的税金和海域增值收益来确定海域价格的方法。在海域使用权转为土地使用权之前，海域使用权物理状态不同，海域投入成本的组成也有所不同，具体体现在填海造地工程费用上。由于海域价格大部分取决于效用，而非取决于其成本，采用成本法可能会与市场产生偏差，尤其是新增土地的用途不用其在市场中进行交易的海域价格可能存在显著差异，但我国填海造地用海市场尚未起步，成本法还是目前进行海域价格评估不错的选择。

收益还原法是以一定的还原利率，将海域未来每年预期收益折算为评估基准日收益总和的一种方法。运用收益还原法进行宗海价格评估时，关键是要确定被评估海域的预期收益额、收益期限和适用的还原率。填海造地用海一旦完成形成新增土地，海域使用权很快转为土地使用权，其预期收益不再是海域的预期收益，因此不太适合通过此种方法进行填海造地用海的宗海价格评估。

假设开发法是在估算按最有效利用方式开发完成后的海域价格基础上，扣除预计的正常成本和利润，以价格余额来估算海域价格的一种方法。对填海造地用海来说，可根据毗邻土地出让价格、毗邻土地基准价格、配套设施建设费、填海造地的设施配套情况等数据资料，估算填海造地后新增土地的出让价格，再扣除全部开发成本等费用后求取填海造地用海的宗海价格。利用假设开发法进行建设填海造地宗海估价时，新增土地价格的确定是关键。假设开发法适用于仍具有海域自然属性的建设填海造地用海。

市场比较法是根据市场中的替代原理，将与待估海域具有替代性的，且在近期市场上已发生交易的实例比较，并对交易实例的成交价格做适当修正，以此估算待估海域价格的方法。填海造地用海市场尚未起步，不具备相似海域交易实例，目前不选择此种方法进行填海造地用海的宗海价格评估。

2. 假设开发法评估结果

（1）计算公式

$$P = P' * m - C - S$$

式中：P-海域价格；P'-新增土地价格；m-有效土地面积比例；C-填海造地成本；S-投资利润。

新增土地价格依据填海造地用海用途来评估，一般采用市场比较法或基准地价修正法来确定。要特别注意的是填海造地用海使用年期是五十年，新增土地价格应该修正为使用年期为五十年的地价。填海造地用海存在放坡，因此形成有效土地面积比例不同，需要根据项目的水深、填海标高、围堰长度、放坡系数等指标确定该项目形成的有效土地面积比例。两者的乘积即为该海域完成填海造地后的预期价格。

填海造地成本包括项目前期费用、渔业管理部门征收的渔业资源补偿费、向原用海者支付的海域拆迁补偿费、填海造地工程成本及资金利息。

投资的目的是为了获取相应的利润，进行填海造地投资的当然也要获取相应的利润。正常开发利润一般为 10%~15%，利润计算的基数为填海造地成本。但对于港口码头行业来说，填海造地用海并非为了追求填海造地本身的投资利润，而是港口建设运营的需求，因此，本次调研样点中，港口码头行业的填海造地用海投资利润确定为 0，一般工业填海造地用海投资利润确定为10%，商住填海造地用海确定为 15%。

（2）宗海评估结果列表，详见表6-3。

单位：元/m²

表 6-3　样点价格假设开发法评估结果列表

	项目名称	填成土地用途	新增土地预期价格	形成土地面积比例	预期价格	填海成本	开发利润	填海造地用海价格
1	新机场沿岸商务区项目	城镇建设	1350	99.8%	1347	1098	165	84
2	小平岛国际游艇服务中心及渔人码头工程	游艇码头及配套	2700	95.9%	2589	1795	269	525
3	河口湾东扩产业配套服务区建设项目	产业配套服务区	3600	100%	3600	1320	198	2082
4	大连凌水湾总部经济基地二期填海项目	经济基地	3600	90%	3240	1536	230	1474
5	营口望海综合工程	会展、旅游、商业等	1500	98%	1470	645	97	728
6	营口鲅鱼圈经济技术开发区熊岳河口填海及回复工程	旅游地产开发	1700	98%	1666	362	54	1250
7	世贸嘉年华商业中心	商业中心	1200	98%	1176	857	129	190
8	小窑湾创智区填海工程	城镇建设	2100	98%	2058	925	139	994
9	大连泛海国际度假区	商住、旅游娱乐用地	1050	92.7%	973	3049	457	-2533
10	大连花园口经济区填海项目	临港产业	1000	90.9%	909	276	41	592
11	盘锦奥体中心	公共服务用地	900	100%	900	256	38	606
12	锦州龙栖湾新区	城镇建设	450	98%	441	180	27	234
13	营口港鲅鱼圈港区 65#钢材泊位工程	工业用地	300	100%	300	295	30	-25
14	大连临空产业园（新机场）规划用海	机场、临空产业园	470	99.8%	469	492	49	-72

续表

	项目名称	填成土地用途	新增土地预期价格	形成土地面积比例	预期价格	填海成本	开发利润	填海造地用海价格
15	旅顺中远造船项目	工业用地	351	100%	351	362	36	-47
16	旅顺新港扩建项目	港口码头	580	100%	580	1044	104	-568
17	长兴岛北港区三个石化项目填海工程	工业用地	280	85%	238	145	15	78
18	大连信德混凝土制品有限公司混凝土制品项目用海	工业用地	350	85%	298	105	11	182
19	长兴岛万帮集团工业填海造地	工业用地	350	85%	298	190	19	89
20	长兴岛STX项目工业填海造地	工业用地	350	85%	298	200	20	78
21	大连将军石中心渔港工程	港口码头	280	92%	258	127	13	118
22	葫芦岛绥中港区堆场	码头堆场	250	98%	245	521	52	-328
23	葫芦岛柳条沟港区堆场	码头堆场	280	98%	274	165	17	92
24	盖州钢铁结构件和机械零部件加工项目	工业用地	170	98%	167	214	21	-68
25	盖州特种船舶基地工程	工业用地	170	98%	167	208	21	-62
26	盖州船舶修造基地项目	工业用地	170	98%	167	228	23	-84
27	盖州光辉渔港建设项目	港口码头	170	92%	156	100	10	46
28	皮口港临港产业园区水产科技研发区工程项目	临港产业	300	98%	294	191	19	84

续表

序号	项目名称	填成土地用途	新增土地预期价格	形成土地面积比例	预期价格	填海成本	开发利润	填海造地用海价格
29	皮口港临港产业园区仓储贸易区基础建设工程	临港产业	215	98%	194	143	14	37
30	大连国家生态工业示范园区	临港产业	240	98%	216	195	20	1
31	黑岛镇四个工业填海项目	临港产业	210	98%	206	215	22	-31
32	庄河黑岛通港工程	港口码头	210	92%	193	185	19	-11
33	盘锦港荣兴港区建设	港口码头	250	98%	245	196	20	29
34	盘锦市晒装码头	港口码头	250	100%	250	270	27	-47
35	辽滨新区某工业填海	工业用地	250	100%	250	270	27	-47
36	锦州龙栖湾新区	城镇建设	180	98%	176	190	19	-33
37	中电投码头工程	码头用地	180	92%	166	178	18	-30
38	锦州港堆场建设项目	后方堆场	180	92%	166	320	32	-186

评估结果显示大连泛海国际度假区数据异常，作为异常点剔除；采用假设开发法评估出来价格倒挂的样点，再采用成本法进行海域价格评估。

3. 成本法评估结果

（1）计算公式

$$P = K + C + R + S + A$$

式中：P-海域价格；K-海域取得费；C-海域开发费；R-利息；S-利润；A-海域增值。

海域取得费是为取得海域而向原海域使用者支付的费用。根据目前相关法律法规，当原海域为确权养殖用海时，海域取得费包括环评论证费，养殖动迁费，渔业资源补偿费及相关税费；当原海域为未确权海域时，海域取得费应该包括环评论证费，传统渔村渔民安置费，渔业资源补偿费及相关税费。其中，渔业资源补偿费是渔业行政主管部门对海洋建设工程造成的渔业资源损害提出的赔偿，赔偿金额依照《建设项目对海洋生物资源影响评价技术规范》进行评估。

对填海造地用海来说，海域开发费就是填海造地工程成本。填海造地程度是这部分价格组成高低的决定性影响因素，还具有海域自然属性的填海造地用海这部分价格组成显然为零。

利息是资金的时间价值，海域开发利息是按照填海造地正常开发周期、各项费用的投入期限和资本年利息率，分别估计各期投入应支付的利息，开发周期超过一年，利息按复利计算。

投资的目的是为了获取相应的利润，进行填海造地投资的当然也要获取相应的利润。正常开发利润一般为10%～15%，利润计算的基数包括海域取得费、海域开发费和各项税费。但对于港口码头行业来说，填海造地用海并非为了追求填海造地本身的投资利润，而是港口建设运营的需求，因此，港口码头行业的填海造地用海投资利润确定为0，一般工业填海造地用海投资利润确定为10%，商住填海造地用海确定为15%。

填海造地用海改变海域自然属性的过程中，其所有权在经济上的体现为获得一定的增值收益。增值收益一部分来源于海域用途改变产生，一部分来源于海域自然属性改变，理论上应等于海域使用权出让价格与海域投入成本价格差值占投入成本价格的比例，将海域投入的成本组成乘以增值收益率即为增值收益。不论待估宗海的物理形态是海域还是新增土地，增值收益的计算基数均应包括填海造地工程成本，根据新增土地的不同用途，海域增值收益率一般可取 15~30%。

（2）宗海评估结果列表。

由于目前没有明确规定填海造地项目对传统渔村渔民的安置标准，因此未确权海域的海域取得费仅包括环评论证费、渔业资源补偿费及相关税费。如果新增土地用于港口、码头、临港产业区建设，海域增值收益率取 15%，如果新增土地用于旅游娱乐、商业开发、城镇建设等，海域增值收益率取 30%。

样点价格成本法评估结果具体见表 6-4。

二、建设填海造地用海样点价格评估结果

详见表 6-5。

表 6-4　样点价格成本法评估结果列表

单位：元/m²

序号	项目名称	填成土地用途	海域取得费	利息	利润	海域取得费费+海域开发费	增值收益	填海造地用海价格
1	营口港鲅鱼圈港区 65#钢材泊位工程	工业用地	110	9	0	295	44	163
2	大连临空产业园（新机场）规划用海	机场、临空产业园区	39	4	4	492	74	121
3	旅顺中远造船项目	工业用地	2	0.2	0.2	362	54	56
4	旅顺新港扩建项目	港口码头	2	0.2	0	1044	157	159
5	葫芦岛绥中港区堆场	码头堆场	11	1	0	521	78	90
6	盖州钢铁构件和机械零部件加工项目	工业用地	6	0.5	0.5	214	32	39
7	盖州特种船舶基地工程项目	工业用地	6	0.5	0.5	208	31	38
8	盖州船舶修造基地项目	工业用地	6	0.5	0.5	228	34	41
9	盘锦市海工基地晒装码头	港口码头	32	3	3	270	41	79
10	大连国家生态工业示范园区	临港产业	30	2.5	2.5	240	36	71
11	黑岛镇四个工业填海项目	临港产业	0	0	0	215	32	32
12	庄河黑岛渔港工程	港口码头	0	0	0	185	28	28
13	辽滨新区某工业填海	工业用地	32	3	3	270	41	79
14	锦州龙栖湾新区	城镇建设	10	1	1	190	29	41
15	中电投码头工程	码头用地	2	0.2	0	178	27	29
16	锦州港堆场建设项目	后方堆场	2	0.2	0	320	48	50

表 6-5　样点海域价格评估结果列表

单位：万元/hm²

序号	项目名称	填海造地空间资源价格	填海造地生态补偿	填海造地用海价格
1	新机场沿岸商务区项目	84	27	111
2	小平岛国际游艇服务中心及渔人码头工程	525	27	552
3	河口湾东扩产业配套服务区建设项目	2082	27	2109
4	大连凌水湾总部经济基地二期填海项目	1474	27	1501
5	营口望海综合工程	728	27	755
6	营口鲅鱼圈经济技术开发区熊岳河口填海及回复工程	1250	27	1277
7	世贸嘉年华商业中心	190	27	217
8	小窑湾创智区填海工程	994	27	1021
9	大连花园口经济区填海项目	592	27	619
10	盘锦奥体中心	606	27	633
11	锦州龙栖湾新区	234	27	261
12	营口港鲅鱼圈港区65#钢材泊位工程	163	27	190
13	大连临空产业园（新机场）规划用海	121	27	148
14	旅顺中远造船项目	56	27	83
15	旅顺新港扩建项目	159	27	186
16	长兴岛北港区三个石化项目填海工程	78	27	105

续表

	项目名称	填海造地空间资源价格	填海造地生态补偿	填海造地用海价格
17	大连信德混凝土制品有限公司混凝土制品项目用海	182	27	209
18	长兴岛万帮集团工业填海造地	89	27	116
19	长兴岛 STX 项目工业填海造地	78	27	105
20	大连将军石中心渔港工程	118	27	145
21	葫芦岛绥中港区堆场	90	27	117
22	葫芦岛柳条沟港区堆场	92	27	119
23	盖州钢铁钢构件和机械零部件加工项目	39	27	66
24	盖州特种船舶基地工程项目	38	27	65
25	盖州船舶修造基地项目	41	27	68
26	盖州光辉渔港建设项目	46	27	73
27	皮口港临港产业园区水产科技研发区工程项目	105	27	132
28	皮口港临港产业园区仓储贸易区基础建设工程	37	27	64
29	大连国家生态工业示范区	71	27	98
30	黑岛镇四个工业填海项目	32	27	59
31	庄河黑岛渔港工程	28	27	55
32	盘锦港荣兴港区建设	145	27	172

续表

	项目名称	填海造地空间资源价格	填海造地生态补偿	填海造地用海价格
33	盘锦市西装码头	79	27	106
34	辽滨新区某工业填海	79	27	106
35	锦州龙栖湾新区	41	27	68
36	中电投码头工程	29	27	56
37	锦州港港堆场建设项目	50	27	77

第四节　辽宁省建设填海造地用海基准价评估

一、建设填海造地用海基准价评估的技术途径

填海造地用海基准价指在"海洋功能区划允许填海造地的范围内，现状利用条件及现状开发条件下不同级别且仍保持自然属性的海域，按照商住填海和工业填海分别评估在某一估价期日法定最高年期海域使用权的区域平均价格"。

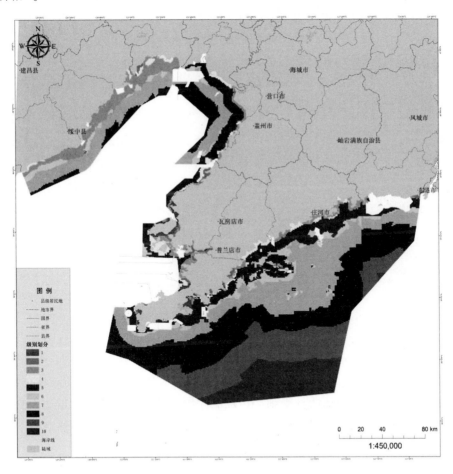

图6-3　辽宁省建设填海造地用海级别图

图6-3为辽宁省建设填海造地用海级别图，总共分了十级。从图6-3可

以看出，辽宁省建设填海造地用海 1-6 级海域离岸距离近，水深较浅，是目前填海造地活动的主要区域。

　　海域级别价格是某个特定海域级别的海域单价，反映着该海域级别或海域价格的正常水平。在样点量满足统计条件的前提下，海域级别价格可以通过求该级别内所抽查评估出的若干宗海域单价的平均数、中位数或众数来计算。在上述计算结果的基础上做适当的调整后就能得到每级海域基准价格。

　　研究人员在前期调研中共获得 37 个有效样点的海域评估价格，其中商住用填海造地用海样点 11 个，工业用填海造地用海样点 26 个，图 6-4 为辽宁省填海造地用海样点分布图。

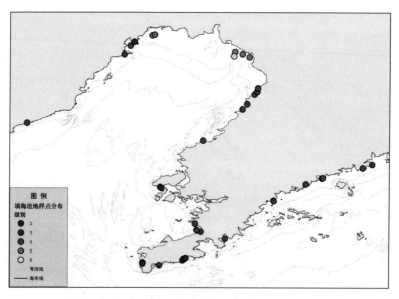

图 6-4　　辽宁省建设填海造地样点分布图

　　样点分布也验证了目前填海造地活动主要集中在 6 级海域以内，7-10 级海域由于离岸距离远，尚无填海造地需求，因此未有大规模的填海造地活动。近年来，我国填海造地活动受到严格控制，导致填海造地样点数量达不到统计样本要求，但目前也只能依据仅有的样点数据进行海域基准价格测算。海域级别对应的样点平均价格见表 6-6。

表 6-6　海域级别样点平均价格列表

单位：万元/hm²

		项目名称	海域级别	海域价格	样点平均价格
商业用	1	小平岛国际游艇服务中心及渔人码头工程	2	552	1387
	2	河口湾东扩产业配套服务区建设项目		2109	
	3	大连凌水湾总部经济基地二期填海项目		1501	
	4	新机场沿岸商务区项目	3	111	566
	5	小窑湾创智区填海工程		1021	
	6	营口望海综合工程	4	755	717
	7	营口鲅鱼圈经济技术开发区熊岳河口填海及回复工程		1277	
	8	世贸嘉年华商业中心		217	
	9	大连花园口经济区填海项目		619	
	10	盘锦奥体中心	5	633	447
	11	锦州龙栖湾新区		261	
工业用	1	旅顺中远造船项目	2	83	135
	2	旅顺新港扩建项目		186	
	3	大连信德混凝土制品有限公司混凝土制品项目用海	3	209	112
	4	长兴岛 STX 项目工业填海造地		105	
	5	庄河黑岛渔港工程		55	
	6	锦州港堆场建设项目		77	
	7	营口港鲅鱼圈港区 65#钢材泊位工程	4	190	106
	8	大连临空产业园（新机场）规划用海		148	

续表

	项目名称	海域级别	海域价格	样点平均价格
9	长兴岛北港区三个石化项目填海工程	4	105	106
10	长兴岛万帮集团工业填海造地		116	
11	大连将军石中心渔港工程		145	
12	葫芦岛绥中港区堆场		117	
13	葫芦岛柳条沟港区堆场		119	
14	盖州钢铁构件和机械零部件加工项目		66	
15	盖州特种船舶基地工程项目		65	
16	盖州船舶修造基地项目		68	
17	盖州光辉渔港建设项目		73	
18	皮口港临港产业园区水产科技研发区工程项目		132	
19	皮口港临港产业园区仓储贸易区基础建设工程		64	
20	大连国家生态工业示范园区		98	
21	黑岛镇四个工业填海项目		59	
22	中电投码头工程		56	
23	盘锦港荣兴港区建设	5	56	77
24	辽滨新区某工业填海		106	
25	锦州龙栖湾新区		68	
26	盘锦市晒装码头	6	106	106

工业用

没有样点的海域可以通过区域比较法来测算基准价,即通过不同级别海域之间的级别条件比较修正得出待估海域评估期日的基准价格。计算模型如下:

$$P_i = P \times \frac{F_i}{F}$$

P_i 表示待估海域基准价格;

P 表示已知海域基准价格;

F_i 表示待估海域级别条件指数;

F 表示已知海域级别条件指数。

以某级别海域样点平均价格为基准,根据不同级别分值推算出其余各级别海域价格,然后取其平均值为海域基准价。

二、辽宁省建设填海造地用海基准价

详见表6-7~表6-9。

表6-7 商业用填海造地海域级别基准价测算表　　　　单位:万元/hm²

海域级别	级别分值	样点平均价格	以二级价格估算各级价格	以三级价格估算各级价格	以四级价格估算各级价格	以五级价格估算各级价格	海域基准价(综合评估)
一级	82	–	1928	829	1109	748	1154
二级	59	1387	1387	596	798	538	830
三级	56	566	1316	566	758	511	788
四级	53	717	1246	536	717	483	746
五级	49	447	1152	495	663	447	689
六级	39	–	917	394	528	356	549
七级	37	–	870	374	501	338	521
八级	31	–	729	313	419	283	436
九级	25	–	588	253	338	228	352
十级	20	–	470	202	271	182	281

表 6-8　工业用填海造地海域级别基准价测算表　　　单位：万元/hm²

海域级别	级别分值	样点平均价格	以一级价格估算各级价格	以二级价格估算各级价格	以三级价格估算各级价格	以四级价格估算各级价格	以五级价格估算各级价格	海域基准价
一级	82	–	188	164	164	129	223	174
二级	59	135	135	118	118	93	160	125
三级	56	112	128	112	112	88	152	118
四级	53	106	121	106	106	83	144	112
五级	49	77	112	98	98	77	133	104
六级	39	106	89	78	78	61	106	82
七级	37	–	85	74	74	58	101	78
八级	31	–	71	62	62	49	84	66
九级	25	–	57	50	50	39	68	53
十级	20	–	46	40	40	31	54	42

表 6-9　辽宁省建设填海造地用海基准价表　　　单位：万元/hm²

		一级	二级	三级	四级	五级	六级	七级	八级	九级	十级
工业用填海造地	空间资源价格	147	98	91	85	77	55	51	39	26	15
	生态补偿价格	27									
	基准价	174	125	118	112	104	82	78	66	53	42
商住用填海造地	空间资源价格	1127	803	761	719	662	522	494	409	325	254
	生态补偿价格	27									
	基准价	1154	830	788	746	689	549	521	436	352	281

第七章　养殖用海基准价评估

在我国海域开发利用活动中，养殖用海所占海域面积最大、涉及社会面最广。随着近年来我国海洋经济战略加快实施，渔业经济总产值特别是海水养殖占国民经济总产值的比重越来越高，养殖用海海域使用金征缴涉及的养殖主体范围越来越广。为贯彻落实十八大报告有关保护群众利益的精神，合理、有序开发利用海洋资源，进一步细化养殖用海分等体系，推动海水养殖经济持续健康发展，国家海洋环境监测中心开展了以辽宁省为样点的四类主要用海的基准价调研，旨在通过对辽宁沿海具有代表性的养殖用海现状和养殖效益的实地调研，深入评估各类养殖用海收益，计算养殖用海样点价格，进行养殖用海定级和基准价的确定。

第一节　养殖用海范围及类型划分

根据海域使用分类体系中，养殖用海属渔业用海范畴，是我国用海面积最大、用海业主最多的用海类型，是人工培育和饲养具有经济价值生物物种所使用的海域。

养殖用海分为围海养殖和开放式养殖。围海养殖主要指通过筑堤或其他手段，以全部或部分闭合形式围割海域进行养殖活动，包括渔民常说的港养海参、海参圈和虾池等；开放式养殖指不进行填海造地、围海或设置构筑物，直接利用海域进行养殖活动，包括浮筏、底播、滩涂、浅海养殖等类型。沿海各省、市征收海域使用金也分为围海养殖和开放式养殖制定标准。本次基准价调研分围海和开放两大类收集样点资料。

第二节　辽宁养殖用海概况

辽宁省是我国重要的用海大省，养殖用海在辽宁省用海现状中占有至关重要的地位。近年来，随着养殖产业迅猛发展，养殖收益不断提高，越来越多的用海业主选择扩大养殖规模，形成集中、连片的海洋牧场。根据辽宁省最新的海域使用现状数据显示（图7-1），辽宁省养殖用海主要为开放式养殖，多布局于10米等深线以内，分布较集中，几个主要分布点为丹东的东港市开展滩涂贝类养殖、大连的长海县为大养殖公司规模化工厂式养殖、营口的鲅鱼圈区连片的底播海参养殖、盘锦的大洼县的开放式贝类增养殖、锦州的凌海市开放式与围海海参养殖。

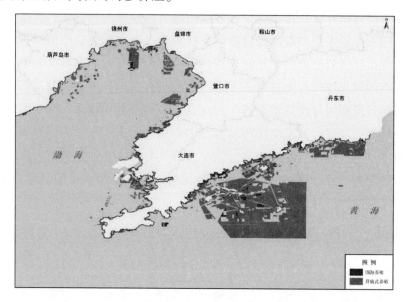

图7-1　辽宁省养殖用海海域使用现状图

根据国家海域动态监视监测管理系统，截止至2013年12月31日，辽宁省现有养殖用海955 397.7公顷，其中围海养殖用海74 065.021 1公顷、开放式养殖用海881 332.672公顷（图7-2）。近三年，辽宁省养殖用海呈上升趋势，开放式养殖用海面积远大于围海养殖，且增长幅度也大于围海养殖用海。养殖品种包括海参、海蜇、虾、贝类、藻类等主要经济物种，其中大连海参最为著名，成为辽宁省海洋养殖标志。

辽宁省沿海共有6市21个县市区，根据国家海域动态监视监测管理系统最新用海数据，2013年大连市养殖用海面积共计772 935.5公顷，占全省总养殖面积的80.9%，其次为丹东和营口（图7-3）。

图 7-2 辽宁省近三年渔业用海柱形图

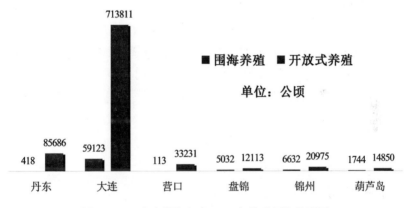

图 7-3 辽宁省沿海六市 2013 年养殖用海柱形图

第三节 养殖用海样点价格计算方法

一、确定评估方法

根据国家海洋局发布的《海域评估技术指引》的海域价格评估方法，参考调研收集数据的适用性及养殖用海的评估特点，选择以收益还原法为主计算、市场比较法为辅调整获得养殖用海样点价格。

1. 收益还原法

收益还原法是指对于能够计算现实收益或潜在收益的海域，按一定的还原利率，将海域未来每年预期收益折算至评估基准日，以折算后的纯收益综合作为海域价格。计算公式为：

$$P = \sum_{i=1}^{n} \frac{a_i}{(1 + r_1)(1 + r_2)\cdots(1 + r_i)}$$

式中：P——海域价格；

a_i——分别为未来各年的海域纯收益；

r_i——海域还原利率；

n——海域使用年期。

年总收入：合理使用海域、附属用海设施、海上构筑物以及其他生产要素进行经营活动时持续且稳定获得的正常收入，包括生产经营收入、租金收入、保证金和押金的利息收入等。本次调研收集的养殖用海收入主要为养殖品种的产出收益。

年总费用：利用海域、附属用海设施、海上构筑物以及其他生产要素进行经营活动时正常合理的必要年支出。调研中养殖成本主要包括围堰工程（围海养殖）、苗种、食料、人工、水电及海域使用金等。

海域纯收益：扣除非海域生产要素的贡献后，年总收入扣除年总费用后的余额。

海域还原利率：采用纯收益与价格比率法、安全利率加风险调整值法或投资风险与投资效益综合排序插入法计算。

2. 市场比较法

市场比较法适用于海域市场较发达、海域交易实例充足的地区。根据市场替代性原则，选取与评估对象处于同一供需圈，近期发生市场交易的，用海类型、用海方式及评估目的类似的交易实例，将评估对象与之做比较，根据两者之间的价格影响因素差异，在交易实例成交价格的基础上做适当修正，以此确定海域价格。

根据《海域使用管理公报》，2013 年辽宁省海域使用权抵押面积 16 909.06公顷，占全国抵押面积的 34.73%，仅次于山东省位于全国第二位，海域使用权抵押市场非常活跃。经调研发现，辽宁省海域使用权抵押案例大多数为养殖用海，极少数涉及填海造地、旅游用海等。在进行海域使用权抵押之前需先进行海域价格评估，辽宁省海域评估市场交易案例较多，可以满足采用市场比较法确定海域价格的要求。此次调研共收集沿海 6 市 45 份海域评估报告，其中 41 份为养殖用海，评估时间多为 2013 年。因此，采用收集到的海域评估报告中的交易价格对样点价格进行比较与适当修正，以期使样点价格的计算更具科学性、合理性。

二、确定计算参数

1. 还原利率

还原利率的确定是海域评估的重要环节，《海域评估技术指引》中提供了3种借鉴土地评估技术中还原利率的确定方法。

（1）纯收益与价格比率法：该方法通过选择与评估对象处于同一地区或近邻地区、类似地区，相同用途的三宗以上近期发生交易的，且在交易类型上与评估对象相似的交易实例，分别调查其纯收益及其市场价格水平，平均后计算比值，进行适当调整作为还原率。

（2）安全利率加风险调整值法：该方法是一种以安全利率和风险补偿的复合利率作为投资报酬率的方法。安全利率即无风险的资本投资收益率，在美国通常取长期国债券利率，我国一般选取银行一年期定期存款利率或三年、五年期国库券的利率作为安全利率，安全利率在各种形式投资中应当大小一致，因为各种投资在公平市场竞争中获得的社会平均纯收益是一致的。在此基础上，确定影响估价对象的各种风险因素，即风险利率。实际投资报酬率之所以有差异，主要是由于市场风险的存在导致不同投资产生的级差收益不同，因此需要以安全利率为基础加上风险补偿。

（3）投资报酬率综合排序插入法：将社会上各种相关类型投资，按它们的收益率与风险大小排序，然后分析判断估价对象所对应的范围，确定其投资回报率。

由于租价比法需要大量的体现地租或土地收益与价格的样点，目前我国海域评估正处于进入市场的初步阶段，交易案例较少，很难应用这种方法。投资报酬率综合排序插入法是根据风险性与收益率的相关分析，高风险高收益率，应用这种方法，需要准确地调查分析，确定各种投资收益与风险水平，有很大的工作难度。

针对此次基准价评估调研工作的特点，我们采用第二种安全利率加风险调整值法确定还原利，具体计算公式如下：

$$还原率 = 安全利率 + 风险调整值（风险利率）$$

2. 安全利率

安全利率体现社会投资最低收益率。本项目主要以连续 5 年的一年期的

平均定期存款利率作为无风险收益率（安全利率），并考虑涉海产业风险率和物价指数等因素进行调整（见表7-1）

一年期实质利率是由一年期定期存款利率，扣除利息税（5%），以物价指数修正所得。计算公式如下：

$$一年定期存款实质利率 = \frac{一年定期存款利率 \times (1 - 利息税率)}{同期物价指数}$$

根据近5年的一年定期实质利率，通过上式计算，取其平均数2.83%作为安全利率。

表7-1　全国综合物价指数和存款利率（%）

年份	综合物价指数（同比）	一年期存款利率	实质利率
2008	105.925	3.87	3.47
2009	98.800	2.25	2.16
2010	103.058	2.50	2.30
2011	104.933	3.50	3.17
2012	101.975	3.25	3.03

注：数据来源于凤凰网财经 http://app.finance.ifeng.com/data/mac/spls.php

3. 风险调整值

风险调整值反映了海域使用投资的风险程度，投资风险越大，风险调整值也越大；投资风险越小，调整值也越小。涉海产业投资风险主要受政策、经济、社会、自然（灾害）等因素影响，其中对于海洋产业，特别是养殖用海，自然（灾害）的影响因素较重。

填海造地、港口航运、旅游及养殖用海是各地区最普遍的用海类型。根据投资风险和用海类型分析，填海造地完全改变海洋自然属性，填海形成的土地具有持久的保值性，其用海风险最低；养殖用海不改变海洋自然属性，受自然灾害和经济市场等因素影响较大，其用海风险最高。因此，养殖用海评估中风险调整值的确定不适用土地评估中的方法，采用以下公式计算：

$$风险调整值 = 投资风险基数 \times 风险等别系数$$

投资风险基数以多年银行一年期贷款利率，考虑物价变动指数综合确定。风险等别系数借鉴因子赋值法对影响养殖用海活动的自然、经济、区位、市场和政策五大类因素进行赋值计算。

（1）投资风险基数。

用一年期定期贷款的利率，以物价指数修正为实质利率，计算公式为：

$$一年期定期贷款实质利率 = \frac{一年期定期贷款利率}{同期物价指数}$$

根据近五年一年期贷款利率（见表7-2），经修正后取其平均数结果为5.84%，作为贷款实质利率即投资风险基数。

表7-2　全国综合物价指数和贷款利率（%）

年份	综合物价指数（同比）	一年期贷款利率	实质利率
2008	105.925	6.93	6.54
2009	98.800	5.31	5.37
2010	103.058	5.56	5.40
2011	104.933	6.31	6.01
2012	101.975	6.00	5.88

（2）风险等别系数。

风险等别系数是指海域开发利用中各用海类型可能受风险影响的程度大小，即反映了不同涉海产业的投资风险差异。计算宗海价格时，影响风险等别系数的因素很多，对某种因素的依赖程度越大，该因素改变所产生的影响也越大，即风险越大。本次调研养殖用海中，渔民反映自然环境是影响养殖收益的最大因素，经济和市场等其次，养殖用海的特殊性在于针对不同养殖品种，其被不同自然因素的影响程度是不同的。实地调研中我们选取对养殖收益影响最大的三大因素八个因子，了解其对风险的敏感程度和抵御能力，为各因子赋值（表7-3）。调研中选取的众多养殖样点，养殖品种主要分海参海蜇、裙带菜、虾、贝类及芦苇等五大类，风险级别分为5级，某个品种对某风险因子最为敏感，则赋值为5，最不敏感赋值为1。以此类推，各因子赋值之和除以因子个数为风险等级系数，即：风险等别系数=因子赋值之和/因子个数。

表7-3　风险等别系数的赋值

风险因子	海参海蜇	虾类	裙带菜	贝类	芦苇
盐度	5	3	2	4	1
温度	5	3	4	1	2
水质	5	4	1	3	2
灾害性天气	3	2	5	4	1
病虫害	5	4	2	3	1
投资成本	5	4	1	2	3
管理难度	5	4	2	1	3
收益波动	5	4	2	3	1
风险等别系数	4.75	3.5	2.375	2.625	1.75

　　风险等别系数的高低决定还原利率的高低，最终决定了海域使用权价格的高低。由安全利率、风险基数、风险等别系数可确定各养殖用海的综合还原率见表7-4。

表7-4　各养殖品种还原利率　　　　　　　　　　　　　%

养殖品种	风险等别系数	风险调整值	还原利率
海参海蜇	4.75	27.74	30.57
虾类	3.5	20.44	23.27
裙带菜	2.375	13.87	16.70
贝类	2.625	15.33	18.16
芦苇	1.75	10.22	13.05

　　根据多家海域评估机构提供经验值，养殖用海投资回报率约为15%~30%，与养殖户访谈中得知，不同养殖品种其投资回报率不同，如海带裙带菜等养殖风险较低、投资回报率低，海参鲍鱼等养殖风险高、投资回报率也高，故还原利率计算结果符合实际调研结果，科学可信。

第四节　开放式养殖用海样点价格计算

本次调研共收集开放式养殖用海样点78例（表7-5，表7-6，图7-4），养殖品种涉及杂色蛤等贝类、裙带菜等藻类及海参等底栖经济物种。

表7-5　开放式养殖用海调研样点信息表

地级市	样点数	养殖品种
丹东	7	杂色蛤、文蛤、毛蚶、沙蚬子等
大连	43	蚬子、缢蛏、杂色蛤、黄蛤、文蛤、虾夷扇贝、泥螺、海螺、裙带菜、海带、海参、鲍鱼等
营口	10	缢蛏、海螺、文蛤、杂色蛤、沙蛤、毛蚶等
盘锦	3	杂色蛤、文蛤、泥螺等
锦州	4	海参、文蛤等
葫芦岛	11	杂色蛤、文蛤、海螺等

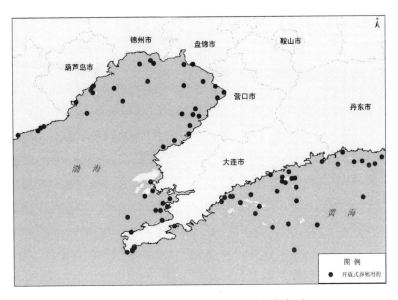

图7-4　开放式养殖用海调研样点分布图

表7-6　开放式养殖用海样点汇总表

地级市	县市区	序号	样点名称	海域价格（元/亩）
丹东	东港	1	辽威水产有限公司开放式养殖	3442
		2	孤山镇大鹿岛村浅海贝类养殖	5303
		3	北井子镇獐岛村浅海贝类养殖	3510
		4	丹东市现代海洋牧场科学试验基地	8217
		5	宏盈水产养殖公司贝渔立体化深水养殖	5880
		6	东港市种畜场滩涂贝类养殖	4500
		7	孤山苇场有限公司滩涂贝类养殖	6075
大连	庄河	8	刘旭升开放式养殖	4148
		9	栗子房镇南尖村村委员会开放式养殖	5433
		10	海洋贝类养殖场	4661
		11	石城乡蛔贝养殖	2770
		12	刘旭升开放式养殖	6119
		13	大连吉德水产有限公司海水养殖	6678
		14	大郡镇银窝村村委会海水养殖	8790
		15	孙梅成底播养殖用海项目	4873
		16	大连日旺海珍品养殖有限公司渔业用海	3066
	长海	17	刘常德裙带菜养殖	3700
	长海	20	长生岛海产养殖有限公司深水海参底播增养殖	7032
		21	吴文政底播增殖	9237
		22	海洋岛水产集团有限公司底播深水开发	4105
		23	海洋岛水产集团有限公司海参深水底播增养殖	2376
		24	獐子岛渔业集团有限公司底播增殖	6889
		25	獐子岛渔业集团有限公司底播增殖	5214
		26	獐子岛客运有限公司开放式养殖	4798
	普兰店	27	皮口镇平岛开放式养殖	8944
		28	大连云龙近海滩涂底播养殖	8236
		29	大连科洋水产有限公司开放式海底养殖	7616
		30	邵先锋海水养殖	13095
	金州	31	蚂蚁岛水产有限公司	13208
		32	鸿淼公司浮筏式牡蛎养殖	7413
		33	尹航浮筏式海带养殖	6827
		34	刘忠慧浮筏式蛔贝养殖	8260
		35	猴儿石村民委员会滩涂花蚬子养殖	7753
		36	王家村民委员会开放式养殖	9505

续表

地级市	县市区	序号	样点名称	海域价格（元/亩）
大连	长海	18	小长山乡投资管理中心底播增殖	2122
		19	大长山岛镇小盐场村扇贝养殖	4500
		39	海宝渔业有限公司	12540
		40	宋诗顺开放式养殖	10922
	旅顺口	41	大连鑫岛水产养殖有限公司	10100
		42	柏岚子海上养殖场	9764
		43	刘日升海带养殖	4763
		44	铁山水产总公司海底增养殖	11605
	瓦房店	45	魏俊明开放式养殖	9782
		46	徐洪胜底播海参养殖	3800
		47	林茂林底播海参养殖	5245
		48	王升底播养殖	4326
长兴岛		49	长兴岛开发建设投资有限公司开放式养殖	10450
		50	大交流岛街道办事处东北村委会底播贝类	6965

地级市	县市区	序号	样点名称	海域价格（元/亩）
大连	甘井子	37	大连湾渔港开放式养殖	12818
		38	杨玉林浮筏养殖	9340
	老边	59	丁辉开放式养殖	3500
		60	李诗顺开放式底播贝类养殖	8820
盘锦	双台子	61	王树林贝类增养殖	3255
	大洼	62	盘锦市长大泥螺养殖	7998
		63	弘海水产有限公司海水增养殖	4295
		64	黄素华海参开放式养殖用海	3011
锦州	凌海	65	凌海市水产养殖技术服务中心海参养殖	7900
		66	吴艳平文蛤贝类浅海养殖	5977
		67	海兴资产投资运营有限公司海参养殖用海	6544
葫芦岛	龙港	68	海融运输有限公司海参养殖	3951
	兴城	69	郭长虹滩涂养殖	14922
		70	曹庄孙清滩涂养殖	10623

续表

地级市	县市区	序号	样点名称	海域价格（元/亩）	地级市	县市区	序号	样点名称	海域价格（元/亩）
营口	鲅鱼圈	51	刘崇云底播养殖开放式渔业用海	4417	葫芦岛	兴城	71	李春海滩涂养殖	7769
		52	红海河有限公司海珍品开放式养殖用海	5019			72	陈岩滩涂浅海养殖	6122
		53	红海开发有限公司海产品开放式养殖用海	4822			73	菊花岛杨俊福滩涂浅海养殖	7821
		54	华晟公司底播养殖	16579			74	蓝金海洋资源开发有限公司海参养殖用海	2987
	盖州	55	宋发政开放式养殖	8735		绥中	75	周立东滩涂底播养殖	8677
		56	华通水产有限公司开放式养殖	5382			76	王东滩涂养殖	6632
		57	虞松春开放式养殖	7955		中	77	刘东生滩涂海螺养殖	17634
		58	佟跃军开放式养殖	6301			78	宫厚清滩涂养殖	14922

第五节　围海养殖用海样点价格计算

本次调研共收集围海养殖用海样点 73 例（表 7-7，表 7-8，图 7-5），养殖品种涉及海参、海蜇、虾、芦苇等底栖经济物种。

表 7-7　围海养殖用海调研样点信息表

地级市	样点数	养殖品种
丹东	4	海参、红衣海蜇、对虾等
大连	45	海参、鲍鱼、中国对虾、南美白对虾等
营口	3	海参、绵蜇、对虾等
盘锦	6	海参、东方虾、芦苇、金刚对虾等
锦州	7	海参、中国对虾、南美白对虾等
葫芦岛	8	海参、海蜇等

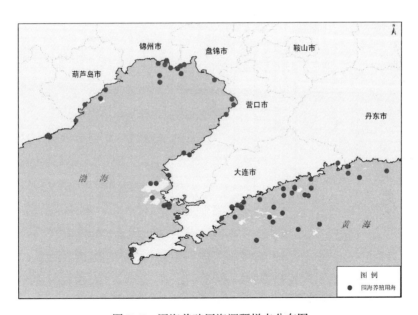

图 7-5　围海养殖用海调研样点分布图

表7-8　围海养殖用海样点汇总表

地级市	县市区	序号	样点名称	海域价格(元/亩)	地级市	县市区	序号	样点名称	海域价格(元/亩)
丹东	东港	1	常胜海参养殖合作社	20996	长海		20	张立学底播增殖	29437
		2	恩达水产有限公司	19804			21	长海天涌养殖有限公司底播增殖	24300
		3	李老板虾圈混合养殖	16356			22	王丽燕底播增殖	10121
		4	涛锥镇明佳海养殖专业合作社	31965			23	张锡良底播增殖	9090
大连	庄河	5	黑岛镇樱桃山贝类养殖场	32500	大连	普兰店	24	皮口镇平岛围海养殖	24200
		6	邵吉春围海养殖	19840			25	鑫汇海实业发展有限公司围海养殖	16000
		7	邵吉勇围海养殖	21009			26	鑫汇海实业发展有限公司围海养殖	21000
		8	赵国斌围海养殖	20185			27	鑫汇海实业发展有限公司围海养殖	29000
		9	邹德强围海养殖	11494			28	沙洋围海养殖	23000
		10	大连石城实业总公司围海养殖	14769			29	钱伟虾圈养殖	16900
		11	大连石城实业总公司围海养殖	13055			30	钱伟海参养殖	16900
		12	大连上上水产围海养殖有限公司围海养殖	9506			31	吴剑宇围海养殖	19781
		13	栗子房镇双庙村民委员会海水养殖	33563			32	周峰围海养殖	13069
		14	李德斌围海养殖	15215		金州	33	鸿源水产育苗厂	55433
		15	孙忠杰围海参养殖	6998			34	王廷汉围塘海参养殖	22823
		16	孙梅成围海养殖	8425			35	王胜围海养殖	11187
	长海	17	大连獐子岛渔业集团授权有限公司底播增殖	11251		旅顺	36	杜维喜围海养殖	54220

续表

地级市	县市区	序号	样点名称	海域价格（元/亩）
大连	长海	18	长海县獐子岛永鑫水产有限公司底播增殖	9522
	长海	19	丁田有底播增殖	11449
	旅顺	39	旅顺渔政管理站围海养殖	38289
	长兴岛	40	海上村围塘海参养殖	16356
	长兴岛	41	三捕村围塘海参养殖	14078
锦州	凌海	42	交流岛街道办大山村围海养殖	32712
	瓦房店	43	董呈斌围海养殖	32310
	瓦房店	44	张万宁围海养殖	14625
	瓦房店	45	姜卓围海养殖	20333
	瓦房店	46	刘喜波围海养殖	33667
	瓦房店	47	赵春业围海养殖	20000
	瓦房店	48	壹桥苗业围海养殖	32605
	瓦房店	49	曲家建港养海参	22898
营口	鲅鱼圈	50	陇海水产养殖有限公司	15072
	盖州	51	松春水产养殖有限公司	9981
	老边	52	荣发公司围海养殖	16869

地级市	县市区	序号	样点名称	海域价格（元/亩）
大连	旅顺	37	鲁永华围海养殖	67506
	旅顺	38	柳忠明围海养殖	31965
		59	方世忠围海养殖	8320
		60	张国成围海养殖	9077
		61	潘宏苗围海养殖	12390
锦州	凌海	62	孟凡迪围海养殖	37741
		63	赵泉会围海参围海养殖	21449
		64	黄素华海产品养殖	18452
		65	黄素华围海养殖	9273
葫芦岛	兴城	66	刘玉伦围海养殖	42051
	兴城	67	赵明鋆围海养殖	41499
	兴城	68	赵美雯围海养殖	41522
		69	杨晋福围海养殖	7426
		70	李明围海养殖	19078
	绥中	71	张亚平围海养殖海参	47947
	绥中	72	张浩围海养殖海参	19627

续表

地级市	县市区	序号	样点名称	海域价格（元/亩）	地级市	县市区	序号	样点名称	海域价格（元/亩）
盘锦	辽河生态经济区	53	王强围海养殖	8913	葫芦岛	绥中	73	杨勇围海养殖海参	15900
		54	隆平水产有限责任公司	33010					
		55	南尖子围海育苇工程	25062					
		56	羊圈子苇场育苇工程	14226					
	大洼兴隆台	57	荣兴乡农场养殖用海	17589					
		58	张伟围海养殖	10244					

第六节　养殖用海定级及基准价计算

养殖用海中用海方式多样、用海群体复杂、管理难度较大，针对养殖用海海域使用金征收现状，考虑现有管理模式，将养殖用海基准价格计算分为开放式养殖用海和围海养殖用海单独计算，形成两套定级及基准价体系，便于后续理论研究应用于实际。

根据养殖用海定级结果，将开放式养殖样点和围海养殖样点坐标分别叠加到定级图上，得到开放式养殖样点分布图和围海养殖样点分布图（图7-6，图7-7）。

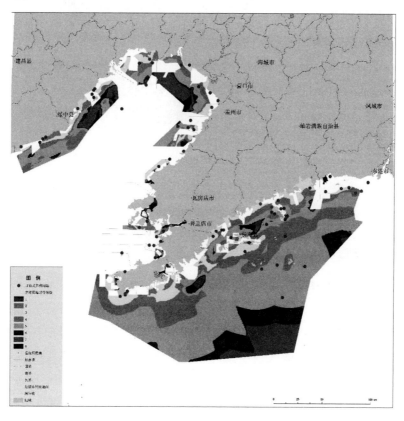

图7-6　开放式养殖用海样点分布图

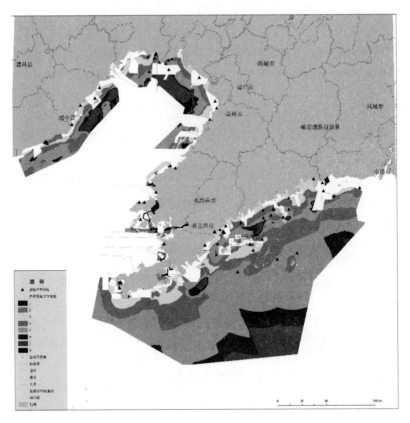

图 7-7　围海养殖用海样点分布图

一、开放式养殖用海基准价格计算

由图 7-6 可以看出，开放式养殖用海在近海和远海均有分布，收集的样点中共有 9 个不在定级范围内。根据调研实际发现，养殖用海分布范围相当广泛，在部分未开发海域或待开发海域中，存在很多临时养殖现状，这些养殖海域暂时不与海洋功能区划中该海域的主体功能发生冲突。因此调研中，有部分样点分布于海洋功能区划中的港口航运区、工业与城镇用海区等。

根据养殖用海定级成果，共有 5 个样点位于养殖用海一级区、15 个样点位于二级区、18 个样点位于三级区、10 个样点位于四级区、7 个样点位于五级区、6 个样点位于六级区、4 个样点位于七级区、4 个样点位于八级区。将各定级中样点价格取平均值，得到初步的各级别平均价格（表 7-9）。

表 7-9 开放式养殖用海样点平均价格表

级别	一级	二级	三级	四级	五级	六级	七级	八级
样点平均价格（元/亩）	11402	9245	8169	5584	4498	4325	2858	2694

二、围海养殖用海基准价格计算

由图 7-7 可以看出，围海养殖样点多分布于近海岸线附近，远海极少。收集的样点中共有 10 不在定级范围内，实际调研中发现，围海这种用海方式改变了海域原有形态，多以围堰的形式围割海域形成养殖区域，这种用海方式在离岸较远的海域中实现困难，也造成养殖成本增加。因此，养殖户的围塘多在海岸线附近，也有部分分布于非农渔业区中的闲置海域。

根据养殖用海定级成果，共有 8 个样点位于养殖用海一级区、9 个样点位于二级区、11 个样点位于三级区、12 个样点位于四级区、7 个样点位于五级区、7 个样点位于六级区、5 个样点位于七级区、4 个样点位于八级区。将各定级中样点价格取平均值，得到初步的各级别平均价格（表 7-10）。

由养殖用海定级指标计算出的定级单元分值，等分为 8 个区间，根据各区间分值间距，将各级别样点平均价格做线性递减，形成的新等级价格与原样点平均价格做加权平均，经过调整后获得开放式养殖用海定级基准价格和围海养殖用海定级基准价格（表 7-11）。

表 7-10 围海养殖用海样点平均价格表 （单位：元/亩）

级别	一级	二级	三级	四级	五级	六级	七级	八级	备注
样点平均价格（空间资源价格）	33258	29942	26478	19787	13216	9415	8698	8514	15 年
生态补偿	9720								
基准价	42978	39662	36198	29507	22936	19135	18418	18234	

表 7-11　养殖用海定级基准价格表　　　　（单位：元/亩）

级别		一级	二级	三级	四级	五级	六级	七级	八级	备注
开放式养殖基准价格		10961	9701	8541	6627	5462	4753	3398	2138	
围海养殖基准价格	空间资源价格	33724	29832	26333	21220	16167	12499	10373	6481	15 年
	生态补偿	9720								
	基准价	42978	39662	36198	29507	22936	19135	18418	18234	

第八章　港口用海基准价评估

第一节　辽宁省港口用海现状

辽宁省基岩岸深水逼岸，掩护条件好，优良港址毗连，可形成各种功能和吞吐能力的大型港口群。到 2010 年底，辽宁省沿海拥有大连港寺儿沟港区、大港港区、黑咀子港区、香炉礁港区、甘井子港区、大石化港区、和尚岛西区、和尚岛东区、北良港区、散矿中转港区、鲇鱼湾港区、大窑湾港区，营口港鲅鱼圈港区，锦州港东部港区，丹东港大东港区和葫芦岛港绥中港区等 16 处规模化港区，共有 341 个泊位，其中万吨级以上深水泊位 155 个，集装箱、煤炭、金属矿石和原油等专业化泊位通过能力比重已超过了 50%。另外，营口仙人岛港区于 2005 年开始奠基修建，已建成 30 万吨级原油泊位 1 个，长兴岛港区建设完成公共港区和 STX 港区，已建成万吨级以上泊位 13 个。目前辽宁省已经形成以大连、营口为中心，锦州、丹东为枢纽，葫芦岛、绥中、盘锦、瓦房店、旅顺、皮口、庄河等为网络，中小结合，层次分明，功能齐全的海洋交通运输布局（图 8-1）。

辽宁省主要港口情况如下。

1. 大连港

大连港是我国最大的深水良港之一，核心港区座落在大连湾和大窑湾内，经过 100 年的建设和发展，已成为我国最大的综合型、多功能的对外贸易出口港之一，也是国家级主枢纽港之一。与世界五大洲 140 多个国家和地区建立了贸易往来和航运联系。

2. 营口港

营口港现分为营口老港区和营口鲅鱼圈新港区，互相依托，是东北地区第二大港。营口老港区位于辽东湾顶部的东北角，是辽宁近代最早开辟的河口商港；鲅鱼圈港区位于营口盖州市，南台子山下的渤海之滨。

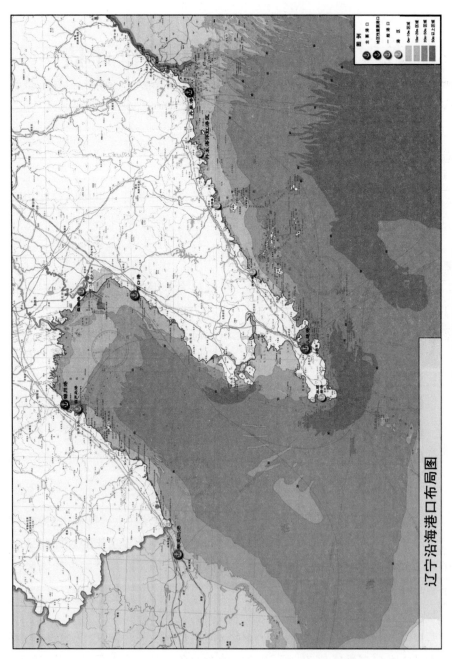

图8-1　辽宁沿海港口布局图

3. 丹东港

丹东港位于辽宁省东北部，中朝界河鸭绿江右岸，是我国沿海最东部的一个河口港，为国家一类开放港口，辽宁省四大重要港口之一，是东北三省东南部入海口。现有浪头和大东两个港区。

4. 锦州港

锦州港位于锦州湾北岸、锦州凌海市王家窝铺镇、大笔架山西侧。该港于 1989 年 10 月初步建成，成为以运输石油和杂货为主的港口；1990 年 12 月正式对外开放，为一类开放口岸。

5. 葫芦岛港

葫芦岛港位于渤海西部的连山湾，葫芦岛市东 13 km 的狮子山下，距锦州市 68 km。该港三面环山，为不冻不淤、掩护条件好的天然良港。

6. 盘锦港

盘锦港位于辽河口内，是以油品为主的小型综合地方港口，年通过能力 65 万吨。2010 年，营口港务集团出资开始建设盘锦港荣兴综合性港区，港区占地面积 40 km^2，规划 4 个港池，吞吐能力可超亿吨，计划投资 200 亿元。

辽宁省 2010 年沿海港口吞吐量见表 8-1。

表 8-1　2010 年辽宁省沿海港口吞吐量

港口名称	总吞吐量 （万吨）	集装箱 （万 TEU）	滚装 （万辆）	旅客 （万人次）
合计	67874.2	969.0	123.1	711.5
大连港	31400.0	526.2	122.1	611.9
营口港	22500.0	333.8	1.0	4.6
丹东港	5505.0	32.0	－	44.0
锦州港	6008.6	75.5	－	－
葫芦岛港	2130	0	－	51.0
盘锦港	330.6	1.0	－	－

按水深大小、离岸距离及水下坡度作为港口（址）基本满足条件，可将辽宁省岸线划分深水、中水、浅水和滩涂四类港址岸线。深水岸线主要分布于辽东半岛南部城山头至黄龙尾的基岩岸段。此外在西中岛-长兴岛西侧、瓦

房店市红沿河–将军石岸段、葫芦岛角至望海寺、长山寺、石河口东岸也有少量深水岸段分布。

第二节　港口用海级别基准价格评估模型

（1）对于已有收益资料的港口用海，利用收益还原法评估其海域使用权价格。

（2）对于无收益资料和开发费用资料的其他港口用海，可以利用各港口用海资源质量评价结果作为各港口用海之间比较的区域条件指数，运用比较法中的替代原理，以收益还原法测算的个别港口用海价格作为比较基准，采用区域比较法评估其价格。计算模型如下：

$$P_i = P_0 \times \frac{F_i}{F_0}$$

P_i 表示待估海域评估价格；

P_0 表示作为比较基准的已知海域价格；

F_i 表示待估海域级别条件指数；

F_0 表示已知海域级别条件指数。

（3）港口用海级别基准价格测算采用港口海域价格面积加权法测算，面积加权法是根据各港口用海的价格与面积的积占同级别海域总面积的百分比，来表征各级别海域级别价的方法。测算模型如下：

$$P = \frac{\sum\limits_{i=1}^{m} P_i \times S_i}{\sum\limits_{i=1}^{m} S_i}$$

P 表示港口用海的级别基准价；

P_i 表示第 i 个港口用海海域价格；

S_i 表示第 i 个港口用海面积；

m 表示该级别港口用海个数。

第三节　辽宁省港口用海分级分值测算

对选定的定级因素和因子资料进行筛选、分析、计算，按照设定的各因素因子评分标准，将经调查掌握的因素因子的指标量化为得分值，根据评价单元因素因子的权重以及各因素因子的赋值，评价单元总分值的计算采用因素分值加权求和法，将单元各因子作用分值加权求和计算总分值。因素因子得分与海域的优劣度成正相关，因子分值越大，表示分级单元受相应因子影响程度越高，海域级别越高。

辽宁省港口用海分级指标及测算过程详见分报告。分级分值结果见下图 8-2 和表 8-2。

表 8-2　辽宁省港口用海分级分值

港口公司	港区	分级分值
大连港	大连湾港区	62
	大窑湾港区	62
	鲇鱼湾港区	40
	大孤山南港区	40
	大孤山西港区	40
	和尚岛西港区	40
	大港港区	60
	黑嘴子港区	60
	甘井子港区	60
	北良港区	40
	旅顺新港港区	48
	旅顺港区	43
	太平湾港区	40
	长兴岛港区	40
	皮口港区	24
	庄河港区	27
	栗子房港区	27

续表

港口公司	港区	分级分值
营口港	营口港区	60
	鲅鱼圈港区	55
	仙人岛港区	55
	盘锦港区	20
	丹东港海洋红港区	34
丹东港	大东港区	45
锦州港	锦州港港区	35
	龙栖湾港区	30
葫芦岛港	柳条沟港区	30
	绥中石河港区	25

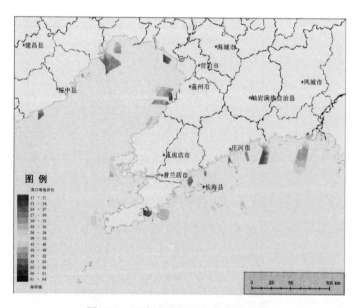

图 8-2　辽宁省港口用海分级分值图

第四节　辽宁省港口用海样点空间资源价格测算

一、影响样点价格的因素

利用收益还原法进行港口用海价格测算时，价格测算的准确依赖于纯收益和还原利率计算的准确程度，因此需要考虑纯收益计算的影响因素，使结果尽可能精确。计算港口用海的纯收益过程中，需要在港口经营的总收益中剥离总成本，并考虑可能对纯收益产生影响的要素，以便使预期的港口用海纯收益与现实贴近。港口用海纯收益的影响因子包括：

1. 总收益

港口运营以盈利为目的，因此港口用海总收益是指港口运营过程中各种收入的总和，以年为单位。港口运营项目一般包括货运、客运，设计调查表格时需要根据各自特点，涵盖产生收入的各种项目，尽可能将各种收入来源考虑在内。

2. 折旧费

折旧费是指定期地计入到成本费用中的固定资产的转移价值。固定资产经过使用后，其价值会因为固定资产磨损而逐步以生产费用形式进入产品成本和费用，构成产品成本和期间费用的一部分。港口用海价格测算中，折旧费是指船舶、港口运营设施等的折旧费用。依据《中华人民共和国海域管理法》，港口用海最高年限为 50 年，使用过程会产生磨损、贬值，在价格测算中需要考虑这一因素。

3. 税收

税收是指港口经营者按有关规定向税务机关或者其他机关缴纳的各种税金。港口为盈利性质的，产生收益的同时需要根据收益的多少支付税收，因此，税收也是港口运营的成本支出，支付的税收种类一般包括营业税、所得税、车船使用税等，具体支付比例按照国家税法的规定。

4. 资金利息

资金利息指港口经营者经营港口过程中投入资金的资金成本。港口运营需要投入大量资金，需要银行贷款的支持，因此在成本的计算中，要考虑贷款利息的支出以及该资金用于其他项目时可能损失的数额。

5. 管理费

管理费是指对港口进行必要管理所需的费用。一般分为两部分：一是营理港口所需的物质的货币支出，如电费、水费、清洁费；另一方面是管理人员的工资支出。港口运营需要雇佣工人，因此，工人工资是港口运营的成本之一。一般情况下，港口规模越大，需要雇佣更多的工作人员，工资成本也越高。

6. 维修费

维修费是指港口正常运营每年需要支付的修缮费，如疏浚、堤坝整修、其他固定设施的修缮费等。对于疏浚、堤坝整修等费用的估计要结合港口所在海域的淤积程度、波浪等水文条件综合确定。

7. 不可预期费用

港口用海受天气等自然条件的影响较多，当有台风等天气时，港口停运，同时，船船、港口设备可能会受到损害，因此计算时也需要考虑。不可预期因素对港口收益影响较大，一旦发生将产生难以预期的损失。不可预期费用占总成本的 10%~30%，具体比例结合港口所在海域的自然条件确定。

二、样点价格测算模型

对于能够计算现实收益或潜在收益的海域，可采用收益法评估海域价格，即按一定的还原利率，将海域未来每年预期收益这算至评估基准日，以折算后的纯收益总和作为海域价格。

根据影响港口用海收益的因素，港口用海年用海纯收益的计算为：

年用海纯收益=年用海总收—年用海总支出用海纯收益

样点价格计算公式为：

$$P = \sum_{i=1}^{n} \frac{a_i}{(1 + r_1)(1 + r_2)\cdots(1 + r_i)}$$

P——海域价格；

a_i——分别为未来各年的海域纯收益；

r_i——分别为未来各年的海域还原利率；

n——剩余海域使用年期。

在实际应用中，海域使用各年纯收益是变化的，还原利率也是变化的。港口用海法定使用年期为 50 年，在港口发展期，假定前 5 年纯收益上涨幅度较大，后 45 年纯收益上涨幅度将有所下降，每阶段年纯收益分别为 a 和 a'；

随着港口用海发展的日渐成熟，防灾减灾的措施技术也将有所进步，不可预期的因素将在一定程度上有所减少，这些因素都会使还原利率有所降低，因此港口用海还原利率前 5 年为 r，后 45 年为 r'。故计算公式转化如下：

$$P = \frac{a}{r}\left[1 - \frac{1}{(1+r)^5}\right] + \frac{r'(1+r')^5}{} \left[1 - \frac{1}{(1+r')^{45}}\right]$$

三、样点价格测算结果

根据上述方法，选取丹东港作为评估对象，采用收益还原法评估丹东港港口用海海域使用权价格。根据丹东港集团有限公司跟踪评级报告可知丹东港 2009—2011 年的净利润和所有者权益，具体见表 8-3。

表 8-3 丹东港 2009—2011 年所有者权益和净利润统计

	2009 年	2010 年	2011 年
净利润	121060 万元	49462 万元	89966 万元
所有者权益	508704 万元	553190 万元	952970 万元
净资产收益率	23.8%	8.98%	9.44%

认为超过 6.6% 的净资产收益为港口用海贡献，计算 a 为 45 588 万元，设定后 45 年纯收益上涨幅度为 6%，则 a' 为 48 323 万元。港口用海还原利率 r 前 5 年为 20%，后 45 年为 10%。根据前述计算公式计算得丹东港港口用海最高使用年期（50 年）评估价格为 432 268 万元。丹东港海域总面积约为 14 000 公顷，其海域单价约为 31 万元/公顷。

各港口用海评估空间资源价格见表 8-4。

第五节 辽宁省港口用海级别基准价

详见表 8-5。

表 8-4　辽宁省港口用海评估价格（50 年）

港口公司	港区	分级分值	空间资源价格 （万元/公顷）
大连港	大连湾港区	62	43
	大窑湾港区	62	43
	鲶鱼湾港区	40	28
	大孤山南港区	40	28
	大孤山西港区	40	28
	和尚岛西港区	40	28
	大港港区	60	41
	黑嘴子港区	60	41
	甘井子港区	60	41
	北良港区	40	28
	旅顺新港港区	48	33
	旅顺港区	43	30
	太平湾港区	40	28
	长兴岛港区	40	28
	皮口港区	24	17
	庄河港区	27	19
	栗子房港区	27	19
营口港	营口港区	60	41
	鲅鱼圈港区	55	38
	仙人岛港区	55	38
	盘锦港区	20	14
丹东港	丹东港海洋红港区	34	23
	大东港区	45	31
锦州港	锦州港港区	35	24
	龙栖湾港区	30	21
葫芦岛港	柳条沟港区	30	21
	绥中石河港区	25	17

表 8-5　港口用海级别基准价测算表　　　（单位：万元/hm²）

海域级别	一级	二级	三级	四级	五级	六级	备注
空间资源价格	42	38	32	28	23	18	
生态补偿	13.5						50 年
海域基准价	55.5	51.5	45.5	41.5	36.5	31.5	

第九章 旅游用海现状及价格评估研究

第一节 旅游娱乐用海内涵及类型划分

旅游娱乐用海在我国海域使用分类体系中属于一级类，指开发利用滨海和海上旅游资源，开展海上娱乐活动所使用的海域。包括旅游基础设施用海、浴场用海和游乐场用海。

第二节 辽宁旅游娱乐用海现状

旅游娱乐用海在辽宁省用海现状中仅占很小比例，根据 2013 年最新的辽宁省海域使用现状数据（图 9-1，表 9-1），全省旅游娱乐用海共 18 宗，其中 7 宗游乐场用海、11 宗浴场用海，总面积 661.61 公顷。

表9-1　辽宁省旅游娱乐用海现状表

序号	用海类型	项目名称	用海单位	面积（公顷）	位置	海域使用金征收标准（万元/公顷）	缴纳海域使用金（元）
1	游乐场	大连凌水湾创智产业服务中心	大连高新技术园凌水湾开发建设有限公司	66.7	大连凌水湾	0.3	66390
2	游乐场	大连丰和水产有限公司旅游用海	大连丰和水产有限公司	7.36	庄河市栗子房镇南侧海域	0	0
3	游乐场	大连开发区海洋之星国际旅游游艇俱乐部建设项目	大连维泰房地产开发有限公司	26.2522	大连金州区南侧海域	0.81	4463
4	游乐场	大连开发区海洋之星国际旅游游艇俱乐部建设项目	大连维泰房地产开发有限公司	26.2522	大连金州区南侧海域	0.81	13282
5	游乐场	大连开发区海洋之星国际旅游游艇俱乐部建设项目	大连维泰房地产开发有限公司	26.2522	大连金州区南侧海域	0.81	17558
6	游乐场	城市名人海上游乐场	锦州城市名人酒店	1.73	锦州中心渔港西岸海域	0.3	5190
7	游乐场	笔架山天桥	锦州市笔架山风景管理处	19.7	滨海新区笔架山风景区	0.3	59100
8	浴场	海滨浴场	长海县大长山林阳海珍品养殖场	66.7	大长山北部海域	0.075	50025
9	浴场	海上娱乐	长海县大长山林阳海珍品养殖场	66.7	大长山北部海域	0.075	50025

续表

序号	用海类型	项目名称	用海单位	面积（公顷）	位置	海域使用金征收标准（万元/公顷）	缴纳海域使用金（元）
10	浴场	海水浴场	长海县大长山林阳海珍品养殖场	66.7	大长山北部海域	0.075	50025
11	浴场	旅顺海兴海上旅游公司在黄金山海域海水浴场	旅顺海兴海上旅游公司	27.26	大长山北部海域	0.075	50025
12	浴场	大连鑫玉龙海洋海珍品有限公司浴场用海	大连鑫玉龙海洋海珍品有限公司	26.31	平岛西侧海域	0.15	39465
13	浴场	辽宁金泰房地产开发有限公司旅游娱乐用海项目	辽宁金泰房地产开发有限公司	34.7333	鲅鱼圈山海广场北侧	0.3	104200
14	浴场	笔架山风景区海滨浴场	锦州市笔架山风景山风景管理处	75.5	滨海新区笔架山风景区东1500米	0.0265	20027
15	浴场	笔架山风景区海滨浴场	锦州市笔架山风景山风景管理处	75.5	滨海新区笔架山风景区东1500米	0.0265	20027
16	浴场	旅游用海	王光-任建军	37.627	菊花岛海域	0.21	79016
17	浴场	刘名旅游用海浴场用海	刘名	9.334	兴城市沙后所海域	0.21	19600
18	浴场	海水浴场	龙岗区望海寺海滨管理处	1	葫芦岛市龙岗区望海寺南侧海域	0	0

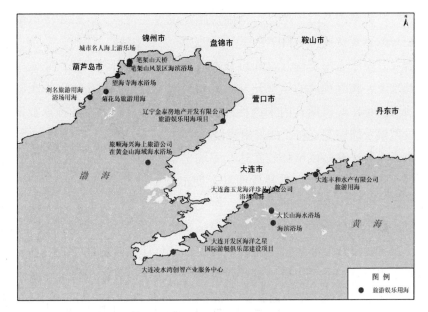

图9-1　辽宁省旅游娱乐用海现状图

第三节　旅游娱乐用海价格计算方法

一、确定评估方法

常用的海域评估方法包括收益法、成本法、假设开发法、市场比较法和基准价格系数修正法等，根据调研收集数据的适用性及旅游用海的评估特点选取评估方法。

收益法适用于存在现实收益或潜在收益的海域，按一定的还原利率，将海域未来每年预期收益折算至评估基准日，以折算后的纯收益总和作为海域价格。本次调研收集的6个样点大多为海滨浴场，浴场具有公益性质，一般不收取门票，旅游收益仅有少量的管理费和摊位费等，相对于巨大的海域旅游价值，海域旅游收益及其微薄，且旅游用海的还原利率计算没有科学合理的计算方法。故不选用收益法。

成本法适用于新开发海域，或在海域市场欠发达、交易案例少的地区，以开发和利用海域所耗费各项费用之和为基础，加上正常的利润、利息和税费来确定海域价格。旅游娱乐用海中最多的是浴场用海和游乐场用海，海滨浴场进行沙滩整治及游乐场进行基础设施建设等耗资巨大，采用成本法估算旅游用海的重置费用相对科学合理。因此，采用成本法。

假设开发法适用于待开发和再开发海域，在测算出海域开发完成后的总价值基础上，扣除预计的正常开发成本和利润来确定海域价格。本次调研中平岛沙滩浴场在调研期日内未进行开发建设，但具有相关财务预算数据、开发建设规模及周期等资料，故采用假设开发法。

市场比较法在海域市场较发达、海域交易实例充足的地区，根据市场替代原理，将评估对象与具有替代性且近期市场上已发生交易的案例做比较，根据两者之间的价格影响因素差异，在交易实例成交价格的基础上做适当修正，以此确定海域价格。辽宁省旅游娱乐用海很少，交易案例更少，在调研过程中没有收集到足够数量的旅游用海案例，总计调研案例7宗，且大部分旅游娱乐用海属于公益用海，或者旅游用海收入难以具体量化，一般体现在餐饮、住宿等间接性消费方面，也不能根据市场价格推算出调研样点的价格。故不采用市场比较法。

二、评估计算公式

1. 成本法

$$P = (Q + D + B + I + T) \times K_2$$

式中：P——海域价格；

Q——海域取得费；

D——海域开发费；

B——海域开发利息；

I——海域开发利润；

T——税费；

K_2——海域使用年期修正系数。

海域取得费：用海者为取得海域使用权而支付的各项客观费用，包括海域使用金、专业费和各种补偿费。海域使用金是指一次性缴纳或逐年已缴纳的海域使用金。专业费包括海域使用论证费、海洋环境影响评价费、工程可行性研究费和建筑设计费等。各种补偿费根据国家和当地政府规定的标准或应当支付的客观费用来确定。

海域开发费：投入并固化在海域上的各种客观费用，包括基础设施配套及填海、炸礁、疏浚、建堤坝等费用。在确定海域开发费时，应综合考虑宗海界址内外的开发程度，并根据实际受益程度分摊开发费用。

税费：海域开发过程中必须支付的有关税收和费用。

海域开发利润：以海域取得费、开发费和税费为基数，根据海域使用类型、开发周期和所处地区社会经济条件综合确定的海域投资回报率来计算海域开发利润。

海域开发利息：按照界定的海域开发程度的正常开发周期、各项费用投入期限和年利息率，分别计算各期投入应支付的利息。海域开发周期超过一年时，利息按复利计算。

海域使用年期修正系数：公式为

$$K_2 = 1 - 1/(1 + r)^n$$

式中：K_2——海域使用年期修正系数；

r——海域还原利率；

n——海域使用年期。

2. 假设开发法

$$P = V - Z - I$$

式中：P——海域价格；

V——海域开发后的总价值；

Z——开发成本；

I——开发利润。

海域开发后的总价值：开发完成后形成的海域、建筑物、附属用海设施和海上构筑物的总价。海域开发后用于销售时，根据当地市场现状，采用市场比较法确定开发完成后的总价；海域开发后用于出租或自营时，根据当地市场现状，采用收益法确定开发完成后的总价。如无交易案例可比较时，可假设海域填海形成陆地，采用周边地价估算海域开发后的总价值，扣除围填海造地的成本后，得到海域使用权价值。

开发成本：项目开发建设期间正常发生的客观费用总和，一般包括海域取得费、海域开发费、管理费、销售税费和投资利息等。海域取得费、海域开发费和管理费等全部预付资本要计算利息。利息的计算要充分考虑资本投入的进度安排，按复利计算。

开发利润：一般按海域开发完成后形成的不动产总价或开发前预付总资本的一定比例计算，利润率采用同一市场上类似项目的平均利润率。

第十章　问题及建议

第一节　存在问题

一、指标体系需进一步完善

海域定级工作刚刚起步，海域定级单元的确定、指标体系的研究、基准价格的计算方法等都处于探索阶段，具有一定的研究价值。通过辽宁省海域定级及基准价评估技术研究与试点，在总结吸收前人研究成果、考量指标数据的可获得性、筛选关联性低的指标、加入具有辽宁省地方特点的属性指标的基础上，综合研究提出了填海造地用海、养殖用海、旅游用海和港口用海的定级指标体系。在辽宁省四种用海定级工作实践过程中，本指标体系基本可以反映出用海特点、自然属性差异、社会经济条件差别、用海者关注焦点等信息，并在填海造地用海和养殖用海定级工作中获得了相对科学合理的定级成果。因此，本定级指标体系已初步具备推广应用的可能，但随着海域定级研究进展的加深，定级指标体系在指标选取、赋予权重等方面仍需进一步完善，养殖用海部分指标需要修订，特别是养殖用海定级指标体系中代表海洋生物资源条件的初级生产力、浮游生物密度、底栖生物密度指标等是最能反映养殖用海特点，具有较高的权重。但在实际搜集数据时这三个指标不能获得定级范围内的所有数据，根据之前的研究成果可以获得辽东湾北部及东部、大连沿海的生物密度数据，但其他海域及海岸线数据不可获得，一定程度上影响了定级成果。

评价指标中涉及人口、经济等的社会属性数据，多以行政单元为统计单位；但涉及海域、海岸线等的自然属性数据，依托自然单元为统计单位。在海域定级范围内，社会属性数据以县级单元为一个数据，自然属性数据以自然单元为一个数据，这也是在定级成果中出现行政界线两侧定级结果不同的原因。如何将不同类型、不同统计方式的指标进行融合，剔除行政区域对海域定级的影响，将是下一步研究工作的重点。

二、部分用海数量不足，部分级别样点缺失影响了基准价格估算的准确性

本次辽宁省定级试点工作开展了为期近 3 个月的外业调查，共获得填海造地用海样点 36 个、养殖用海样点 151 个、旅游用海样点 6 个、港口用海样点 8 个。各样点调研中尽量做到数据翔实，满足计算基准价格的需要，但因调研时间、用海者配合度、海域使用现状等问题，收集的样点数据没有达到全区域均匀分布。因此，在未来的定级研究推广过程中将提高或者补充各类用海的样点数据，提高各级基准价格确定的科学性。

三、旅游用海未能开展定级工作

据统计，辽宁省旅游娱乐用海总计确权 18 宗，面积 661.61 公顷，调研中收集 6 个样点，不能满足基准价格确定的需要。根据《辽宁省海洋功能区划（2011—2020 年）》，旅游休闲娱乐区面积共 976.2 公顷，相对于辽宁省海洋功能区划总面积 41 312.2 公顷，仅占 2.36%。因此，定级范围过小及样点数量不足导致辽宁省旅游娱乐用海定级工作不能顺利开展，另外，从调查情况看，目前大多数旅游娱乐用海（浴场、游乐场等）办证少、公益用海多，也为定级与基准价评估带来很大困难。

第二节　基准价结果合理性分析

2007 年，财政部和国家海洋局联合下发了《关于加强海域使用金征收管理的通知》（财综［2007］10 号），建设填海造地用海、港口用海、养殖用海、旅游用海的具体征收标准见表 10-1。

表 10-1   海域使用金征收标准   单位：万元/公顷

	一等	二等	三等	四等	五等	六等	征收方式
建设填海造地用海	180	135	105	75	45	30	一次性征收
港池、蓄水等用海	0.75	0.60	0.45	0.30	0.21	0.15	按年度征收
围海养殖用海	具体征收标准暂由各省（自治区、直辖市）制定						
开放式养殖用海							
专用航道、锚地等用海	0.21	0.18	0.12	0.09	0.06	0.03	
浴场用海	0.45	0.36	0.30	0.21	0.15	0.06	
游乐场用海	2.25	1.65	1.20	0.81	0.51	0.30	

       辽宁省海域分属二等到六等，本次基准价测算试点过程中，按照用途测算了建设填海造地用海、港口用海和养殖用海的基准价标准，具体结果见表 10-2。

       根据辽宁省海域情况，填海造地用海分为十级，港口用海分为六级，养殖用海分为八级，均比全国范围内的分等做了更细致的划分。

表 10-2   辽宁省海域基准价   单位：万元/公顷

	一级	二级	三级	四级	五级	六级	七级	八级	九级	十级	年期
商业用填海造地用海	1154	830	788	746	689	549	521	436	352	281	70
工业用填海造地用海	174	125	118	112	104	82	78	66	53	42	
港口用海	55.5	51.5	45.5	41.5	36.5	31.5	–	–	–	–	50
围海养殖用海	65	59.5	43.5	46.5	38.5	33.5	30	24.5	–	–	15
开放式养殖用海	16	14.5	13	10	8	7	5	3	–	–	

       本次测算结果均是在法定最高使用年限下的价格，没有折算为一年期的价格。从结果来看，建设填海造地用海中的商业用填海造地用海的基准价远超过目前的海域使用金征收标准，工业用填海造地用海基准价则比目前的海域使用金征收标准高约 30%。

       港口用海基准价将所有属于港口的用海作为统一对象进行测算，其评价结果不再按用海方式进行划分，而是以港区为对象测算的统一价格，相比于现行的海域使用金征收标准，以最高价比较，二等港口 50 年为 30 万元/公顷，一级港口为 55.5 万元/公顷，有了 85% 的提高，考虑到该标准是 2007 年颁布实施的，经济的发展及物价上涨等因素，该结果也是可接受的。

辽宁省养殖用海海域使用金征收标准比较低，省指导标准是开放式养殖用海 450 元/公顷·年，围海式养殖用海 1 500 元/公顷·年，沿海各市实际执行标准高于该标准，调查过程中，各市、县普遍希望调整该标准，从我们调查的实际情况看，养殖用海效益具有上调空间，同时，考虑到基准价可作为宗海评估，特别是抵押评估重要参考依据，因此，此次测算的基准价，可作为管理部门制定相关政策重要依据。

第三节 建议

（1）本次辽宁海域定级及基准价评估技术研究与试点工作提出了一套完整的技术体系，包括海域定级类型、定级思路、指标体系、数据处理方法、基准价内涵及确定方法等，并在辽宁省省级试点中获得了成功应用，得到填海造地、养殖用海、港口用海的定级成果及基准价成果，从试点情况看，表明目前的技术、方法是可行的，具有进一步推广与应用的潜力。

（2）填海造地定级范围包括海洋功能区划中的工业与城镇用海区、农渔业用海区、港口航运用海区、旅游休闲娱乐用海区等与主体用海功能相协调的所有可能填海区域。选取海域自然条件、区位条件、海域资源稀缺条件、毗邻土地条件、交通条件等 12 个指标组成填海造地用海定级指标体系，将辽宁省填海造地用海分为十级。根据样点调查与价值计算，计算出商业填海造地基准价为 281~1 154 万元/hm²、工业填海造地两种类型海域级别基准价格 42~174 万元/hm²。

（3）养殖用海定级包括开放式养殖和围海养殖，定级范围包括海洋功能区划中的农渔业区和保留区。选取海域自然条件、海洋生物资源条件、区位条件、交通条件等 11 个指标组成养殖用海定级指标体系，将辽宁省养殖用海分为八级。根据 151 个样点价格计算处开放式养殖用海基准价格为 2 138~10 691 元/亩（50 年）、围海养殖用海基准价格 18 234~42 978 元/亩（50 年）。

（4）旅游娱乐用海主要为浴场和游乐场，定级范围为海洋功能区划中的旅游休闲娱乐区。建立了海域自然条件、旅游条件、区位条件、交通条件等 11 个指标组成旅游用海定级指标体系，计算了调研中收集的 6 个样点的市场价格，为进一步推进旅游娱乐用海定级及基准价格确定提供技术基础。

（5）港口航运用海定级类型主要为透水构筑物及港池等，范围为海洋功能区划中的港口航运区。选取海域自然条件、港口航运规模、港口经济效益、区位条件、海域资源稀缺条件、交通条件等 13 个指标组成港口航运用海定级指标体系，将辽宁省港口用海分为六级，估算的港口航运用海基准价格为 31.5~55.5 万元/hm^2（50 年）。

参考文献

[1] 财政部，国家海洋局．关于加强海域使用金征收管理的通知［Z］．财综［2007］10号．

[2] 赵全民，蔡悦荫，王跃伟．辽宁省沿海经济带海洋经济发展研究［M］．北京：海洋出版社，2013．

[3] 杨金森等．海岸带和海洋生态经济管理［M］．北京：海洋出版社，2000．

[4] 陈仲新，张新时．中国生态系统效益的价值［J］．科学通报．2000，45（1）：17-22+113．

[5] 张华，康旭等．辽宁近海海洋生态系统服务及其价值测评［J］．资源科学．2010，32（1）：177-183．

[6] 王敏．山东近海生态系统服务价值评估研究［D］．青岛：中国海洋大学，2012．

[7] 黎鹤仙，谭春兰．浙江省海洋生态系统服务功能及价值评估［J］．江苏农业科学．2013，41（4）：307-310．

[8] 赖俊翔，姜发军等．广西近海海洋生态系统服务功能价值评估［J］．广西科学院学报．2013，29（4）：252-258．

[9] 彭本荣，洪华生等．填海造地生态损害评估：理论、方法及应用研究［J］．自然资源学报．2005，20（5）：714-726．

[10] 索安宁，张明慧等．曹妃甸围填海工程的海洋生态服务功能损失估算［J］．海洋科学．2012，36（3）：108-114．

[11] 杨清伟，蓝崇钰等．广东-海南海岸带生态系统服务价值评估［J］．海洋环境科学．2003，22（4）：25-29．

[12] 郑伟．海洋生态系统服务及其价值评估应用研究［D］．青岛：中国海洋大学，2008．

[13] 张华，武晶等．辽宁省湿地生态系统服务功能价值测评［J］．资源科学．2008，30（2）：267-273．

[14] 索安宁，赵冬至等．基于遥感的辽河三角洲湿地生态系统服务价值评估［J］．海洋环境科学．2009，28（4）：387-391．

[15] 索安宁，于永海等．环渤海海岸带生态服务价值功能评价［J］．海洋开发与管理．

2011, (7): 67-73.

[16] 陈鹏. 厦门湿地生态系统服务功能价值评价 [J]. 湿地科学. 2006, 4 (2): 101-107.

[17] 王萱, 陈伟琪. 围填海导致的海岸带生态系统服务损失的货币化评估——理论方案与案例研究 [J]. 中国环境科学学会学术年会论文集 (2010)

[18] 张绪良, 叶思源等. 莱州湾南岸滨海湿地的生态系统服务价值变化 [J]. 生态学杂志. 2008, 27 (12): 2195-2202.

[19] 李京梅, 刘铁鹰. 围填海造地环境成本评估: 以胶州湾为例 [J]. 海洋环境科学. 2011, 30 (6): 881-885.

[20] 辛琨, 肖笃宁. 盘锦地区湿地生态系统服务功能价值估算 [J]. 生态学报. 2002, 22 (8): 1345-1349.

[21] 李睿倩, 孟范平. 填海造地导致海湾生态系统服务损失的能值评估——以套子湾为例 [J]. 生态学报. 2012, 32 (18): 5825-5835.

[22] 刘亮. 辽东湾、渤海湾、莱州湾三湾生态系统服务价值评估 [J]. 生态经济. 2012, (6): 155-159.

[23] 辽宁省海岸线修测, 1: 50000, 2007 年辽宁省政府批复.

[24] 辽宁省海岸带调查, 2007-2010 年.

[25] CJ01、CJ02、CJ03 区块海底底质调查与研究, 2006-2010 年.

[26] 辽宁省 908 专项集成, 2010-2012 年.

[27] 中国海岛志——辽宁卷, 长山群岛篇, 2010-2013 年.

[28] DX39、40、41、42 区块海底地形地貌调查, 2004-2010 年.

[29] 2012 年中国海洋环境状况公报 (发布稿), 2013 年.

[30] 大连市 2011 年统计年鉴, 2012 年.

[31] 中国港口年鉴 2012, 2013 年.

[32] 陈尚等. 海洋生态资本评估技术导则 (GB/T28058-2011). 北京: 中国标准出版社, 2011.

[33] 辽宁省海洋自然灾害专题评价, 2008-2011 年.

[34] 陈应发. 中国森林环境资源价值评估——国家科委自然资源核算 04 子项目报告之三 [R]. 北京: 中国林业科学研究院科信所, 1994.

[35] 卢振彬, 杜琦, 颜尤明等. 厦门沿岸海域贝类适养面积和可养量的估算 [J]. 台湾海峡, 1999, (2).

[36] 苗丰民, 赵全民。海域分等定级与价值评估理论与方法 [M]. 北京: 海洋出版社, 2007.

[37] 张彪, 谢高地, 肖玉, 等. 基于人类需求的生态系统服务分类 [J]. 中国人口·资源与环境, 2010, 20 (6): 64-67.

[38] 谢高地，甄霖，鲁春霞，等. 生态系统服务的供给、消费和价值化 [J]. 资源科学，2008, 30（1）：93-99.

[39] 张朝晖，吕吉斌，丁德文. 海洋生态系统服务的来源与实现 [J]. 生态学杂志. 2006, 25（12）：1574-1579.

[40] 徐丛春，韩增林. 海洋生态系统服务价值的估算框架构筑 [J]. 生态经济. 2003, 10：199-202.

[41] COSTANZA R, D'ARGE R, DE GROOT R, et al. The value of the world's ecosystem services and natural capital [J]. Nature, 1997,（387）：253-260.

[42] PALMER M, BERNBARDT E, CHORNESKY E, et al. Ecology for a crowded planet [J]. Science, 2004,（304）：1251-1252.

[43] PETERSON C H, LUBCHENCO J. Marine ecosystem services [M] //DAILY G C. Nature's services：Societal dependence on natural ecosystems. Washington, D C：Island Press, 1997：177-194.

[44] COSTANZA R, D'ARGE R, DE GROOT R, et al. The value of ecosystem services：Putting the issues in perspective [J]. Ecological Economics, 1998, 25（1）：67-72.

[45] Millennium Ecosystem Assessment. Ecosystems and Human Well-Being：a Framework for Assessment [M]. Washington, DC.：Island Press, 2003.

[46] Wallace, K. J.. Classification of ecosystem services：problems and solutions [J]. Biological Conservation, 2007, 139：235-246.

[47] Timm K., Frank C.. An assessment of market-based approaches to providing ecosystem services on agricultural lands [J]. Ecological Economics, 2007, 64（2）：321-332.

[48] Boyd, J., Banzhaf, S.. What are ecosystem services? The need for standardized environmental accounting units [J]. Ecological Economics, 2007, 63：616-626.

[49] Boyd, J.. Nonmarket benefits of nature：What should be counted in green GDP? [J]. Ecological Economics, 2007, 61（4）：716-723.

[50] Brendan F., Turner R. K.. Ecosystem services：Classification for valuation [J]. Biological Conservation, 2008, 141：1167-1169.

[51] Fisher B., Turner R. K., Morling P.. Defining and classifying ecosystem services for decision making [J]. Ecological Economics, 2009, 68（3）：643-653.

[52] De Groot R. S., Wilson M. A., Boumans R. M. J.. A typology for the classification, description and valuation of ecosystem functions, goods and services [J]. Ecological Economics, 2002, 41：393-408.

[53] Millennium Ecosystem Assessment. Ecosystems and Human Well-Being：Synthesis [M]. Washington, DC.：Island Press, 2005.

[54] Costanza, R.. Ecosystem services：Multiple classification systems are needed [J]. Bi-

ological Conservation, 2008, 141: 350-352.

[55] Daily G. ., Soderqist T. , Aniyar S. . The value of nature and the nature of value [J] . Science, 2000, 289 (5478): 395-396.

[56] Farber S. C. , Costanza R. , Wilson M. A.. Economic and ecological concepts for valuing ecosystem services [J] . Ecological Economics, 2002, 41: 375-392.

[57] Hein, L. , Koppen K. , De Groot, R. S. , et al. Spatial scales, stakeholders and the valuation of ecosystem services [J] . Ecological Economics, 2006, 57 (2): 209-228.

[58] MA (Millennium Ecosystem Assessment) . Ecosystems and human well2being: A framework for assessment [M] . Washington, DC: Island Press, 2005.

[59] DAILY G C. Introduction: What are ecosystem services [M] // DAILY G C. Nature's services: Societal dependence on natural ecosystems. Washington, D C: Island Press, 1997: 1210.

[60] PETERSON C H, LUBCHENCO J. Marine ecosystem services [M] // DAILY G C. Nature's services: Societal dependence on natural ecosystems. Washington, D C: Island Press, 1997: 177-194.

[61] PALMER M, BERNBARDT E, CHORNESKY E, et al. Ecology for a crowded planet [J] . Science, 2004, (304): 1251-1252.